新一代信息通信技术支撑新型能源体系建设
——双新系列丛书

电力北斗创新应用发展报告

中国能源研究会信息通信专业委员会
EPTC 电力信息通信专家工作委员会　组编

中国水利水电出版社
www.waterpub.com.cn
·北京·

内 容 提 要

随着北斗技术和北斗应用蓬勃发展，电力行业作为北斗系统重要应用领域，已逐步实现规模化应用。为促进北斗系统在电力行业的规模化应用、产业化发展，赋能"电力＋北斗"融合发展，作为电力信息通信领域的专业研究机构，EPTC信通智库推出《电力北斗创新应用发展报告》。本书围绕电力北斗创新应用，聚焦北斗在电力规划建设、设施设备管理、营销、调度控制、物资管理、后勤及国际业务等领域的应用，介绍了北斗系统及其产业发展现状，电力北斗应用技术，电力北斗标准体系，精炼了电力北斗应用创新成果，分析研究了电力北斗的应用效能，探讨提出了电力北斗技术应用发展趋势及建议。

本书能够帮助读者了解电力北斗产业发展现状和趋势，给电力北斗领域相关工作者带来新的思路启发，为电力北斗融合发展提供参考。

图书在版编目（CIP）数据

电力北斗创新应用发展报告 / 中国能源研究会信息通信专业委员会，EPTC电力信息通信专家工作委员会组编. -- 北京：中国水利水电出版社，2023.5(2023.11重印)
ISBN 978-7-5226-1298-0

Ⅰ. ①电… Ⅱ. ①中… ②E… Ⅲ. ①卫星导航－全球定位系统－应用－电力工业－研究报告－中国 Ⅳ. ①F426.61

中国国家版本馆CIP数据核字(2023)第024647号

书　　名	**电力北斗创新应用发展报告** DIANLI BEIDOU CHUANGXIN YINGYONG FAZHAN BAOGAO
作　　者	中国能源研究会信息通信专业委员会 EPTC电力信息通信专家工作委员会　组编
出版发行	中国水利水电出版社 （北京市海淀区玉渊潭南路1号D座　100038） 网址：www.waterpub.com.cn E-mail：sales@mwr.gov.cn 电话：（010）68545888（营销中心）
经　　售	北京科水图书销售有限公司 电话：（010）68545874、63202643 全国各地新华书店和相关出版物销售网点
排　　版	中国水利水电出版社微机排版中心
印　　刷	天津嘉恒印务有限公司
规　　格	184mm×260mm　16开本　8.5印张　213千字
版　　次	2023年5月第1版　2023年11月第2次印刷
印　　数	2001—3500册
定　　价	**128.00元**

凡购买我社图书，如有缺页、倒页、脱页的，本社营销中心负责调换
版权所有·侵权必究

本书组委会

组编顾问 李向荣 余建国 王 磊 汪 峰 王 乐
 景 帅
组编人员 张春林 白敬强 梁志琴 郝悍勇 陈姗姗
 宋斯珩 肖钰皓 宋 泽 柴伟平 孙 江
 王海龙 张 琰 王晓彤 谢丽莎 刘 静
 杜立晨 朱 征 黄丽红
组编单位 中国能源研究会信息通信专业委员会
 EPTC 电力信息通信专家工作委员会

本书编委会

主　　编　陈向东
副 主 编　赵建伟　陈　刚　俞家融　吴张建　张春光　王佩光
　　　　　路民辉　郑越峰　庄红山
编　　委　唱友义　陈　远　陈泽瑞　丁慧霞　董方云　段瑞永
　　　　　段军红　鄂盛龙　方　帅　傅　宁　何迎利　胡　博
　　　　　胡　聪　胡　振　黄林超　黄炜昭　吉福龙　刘鸿斌
　　　　　蒋　炜　李　成　李　静　李广野　李永军　李艳飞
　　　　　李占刚　刘　佳　刘佳岐　刘宇翔　罗　弦　马　胜
　　　　　孟浩华　聂海涛　牛　炜　欧家祥　潘　飚　潘立言
　　　　　邵　武　沈　超　史俊波　宋红旭　覃　平　滕　玲
　　　　　王　勇　王佳环　吴新桥　向　征　谢君鹏　邢亚
　　　　　徐　键　许超铃　颜　斌　杨　洋　杨静泊　喻　谦
　　　　　张　琦　张　睿　张佳鑫　张建业　张全德　赵继光
　　　　　周　萌　周航帆
主　　审　汪　洋　樊灵孟　臧志斌　汪陶胜　郝　放　马笑悦
主编单位　国网信息通信产业集团思极位置服务有限公司
副主编单位　国网江苏省电力有限公司无锡供电分公司
　　　　　国网辽宁省电力有限公司
　　　　　中国电力科学研究院有限公司
　　　　　国网甘肃省电力公司
　　　　　甘肃省电机工程学会
参编单位　武汉大学
　　　　　南方电网数字电网研究院有限公司
　　　　　国网新疆电力有限公司喀什供电公司
　　　　　无锡广盈集团有限公司
　　　　　上海华测导航技术股份有限公司

前言

北斗卫星导航系统（以下简称北斗系统）是我国着眼于国家安全和经济社会发展需要，自主建设运行的全球卫星导航系统，是为全球用户提供全天候、全天时、高精度的定位、导航和授时服务的国家重要时空基础设施。

2020年7月31日，习近平总书记宣布北斗三号全球卫星导航系统正式开通，标志着北斗"三步走"发展战略圆满完成。在国内，北斗系统已全面服务于交通运输、公共安全、防灾减灾、农林牧渔、城市治理等行业领域，融入电力、金融、通信等基础设施，产生了显著的经济和社会效益；在国际，基于北斗系统的土地确权、精准农业、数字施工、车辆船舶监管、智慧港口解决方案在东盟、南亚、东欧、西亚、非洲等地区得到成功应用。电力企业积极响应国家战略，自2010年开始探索北斗系统在电网中的试点应用，持续推动北斗高精度定位、授时、短报文通信等功能与电力业务的深度融合，已在电力五大环节、电网九大领域拓展北斗应用场景，加强北斗终端推广应用，培养了一批技术专家和业务骨干，形成了一系列专利、软著等自有知识产权，成效卓越。

北斗技术和北斗应用蓬勃发展的同时，也面临着巨大挑战：美国GPS在国内应用的先入为主，为北斗推广应用带来一定阻力，同时也限制了北斗高精度导航定位芯片、模块、板卡的成本降低；行业应用的零散性等诸多因素，影响了北斗相关国家标准、行业标准、团体标准的制定及发布实施，限制了行业规模化应用的进一步发展。电力北斗应用虽然初具规模，潜力巨大，但产业化能力仍有待加强；核心技术和产品的研发能力有待进一步提高，科研成果转化需进一步加强；电力北斗专业化人才队伍需进一步优化。同时，电力行业本身的重要性和基础性也对基于北斗的时空服务安全性提出了比其他行业更高的要求。为此，电力企业需要弥补现有的不足和短板，结合电力行业发展战略，全方位地推进电力北斗产业化，并持续积极探索北斗与低轨卫星网络导航增强技术、遥感技术、卫星通信技术以及"北斗+"新兴产业等方面融合发展。

为落实国家"十四五"规划和2035年远景目标纲要提出的"深化北斗系

统推广应用、推动北斗产业高质量发展"等有关要求，面向电力与北斗产业的融合，促进北斗系统在电力行业的规模化应用、产业化发展，中国能源研究会信息通信专业委员会、EPTC电力信息通信专家工作委员会共同组织编制了《电力北斗创新应用发展报告》。

  本书面向电力与北斗产业的融合，促进北斗系统在电力行业的规模化应用、产业化发展，为电力北斗融合发展提供参考与服务。围绕电力北斗创新应用，聚焦于北斗在电力规划建设、设施设备管理、营销、调度控制、物资管理、后勤及国际业务等领域的应用，具体包括电力基建现场精准施工、人员安全管控，输电线路地质灾害和杆塔监测，无人机自主巡检，物资运输监管，应急抢修、运行管理，特殊环境下的设备运维，系统高精度授时及全网时间同步，故障定位与监测，远程抄表、配电网调度控制数据传输等。介绍了北斗系统及其产业发展现状，电力北斗应用技术，首次发布了电力北斗标准体系，总结提炼了电力北斗应用创新成果，分析研究了电力北斗的应用效能，探讨提出了电力北斗技术应用发展趋势及建议，并收录了电力北斗关键应用技术典型企业名录。希望本书可以引发读者思考借鉴。

  本书由高校、研究院所、产业单位共十多家行业内专业机构共同编写，凝聚了各专业机构多年来开展北斗在电力行业应用的实践经验，并邀请电力北斗行业专家学者对本书提出了宝贵意见，在此对所有为本书做出贡献的单位和个人表示衷心感谢！

  由于编写水平有限，不能以点带面，书中可能存在纰漏或不成熟之处，欢迎专家、学者给予批评指正。以期群策群力，共促我国电力北斗快速发展。

编者

2023年2月

目录

前言

第1章 卫星导航系统及产业发展 ··· 1
  1.1 国外卫星导航发展现状及趋势 ·· 1
    1.1.1 美国 GPS ··· 1
    1.1.2 俄罗斯 GLONASS ·· 2
    1.1.3 欧盟 Galileo ·· 3
    1.1.4 日本 QZSS ··· 4
    1.1.5 印度 IRNSS ·· 5
  1.2 北斗卫星导航系统发展及应用现状 ·· 5
    1.2.1 北斗系统发展现状 ·· 5
    1.2.2 北斗系统在国内应用现状 ··· 8
    1.2.3 北斗系统在国外的推广应用 ·· 16
  1.3 卫星导航技术和应用发展趋势 ·· 19
    1.3.1 技术体制发展趋势 ·· 19
    1.3.2 卫星导航应用发展趋势 ·· 20
  1.4 北斗产业发展现状及未来 ·· 22
    1.4.1 北斗产业总体规模 ·· 22
    1.4.2 北斗产业区域和产业链发展 ·· 23
    1.4.3 北斗未来发展及展望 ··· 23

第2章 电力北斗应用技术 ·· 26
  2.1 电力北斗高精度导航定位应用技术 ·· 26
    2.1.1 电力北斗地基增强应用技术 ·· 26
    2.1.2 电力北斗星地基一体化增强应用技术 ··· 30
  2.2 电力北斗授时应用技术 ··· 32
    2.2.1 单向授时应用技术 ·· 32
    2.2.2 双向授时应用技术 ·· 37
    2.2.3 北斗卫星共视应用技术 ·· 38
    2.2.4 北斗卫星授时防欺骗技术 ··· 42
  2.3 电力北斗短报文通信应用技术 ·· 48
    2.3.1 北斗短报文通信应用技术 ··· 48

2.3.2　北斗短报文与局域通信网的融合应用技术 ························· 50

第3章　电力北斗标准化及产品质量检测 ······························· 53
3.1　电力北斗标准化建设 ··· 53
　　3.1.1　电力北斗标准化组织机构建设 ······································· 53
　　3.1.2　电力北斗标准体系制定 ·· 53
　　3.1.3　标准体系路线图 ··· 55
3.2　电力北斗产品质量检测 ··· 56
　　3.2.1　背景情况 ··· 56
　　3.2.2　行业现状 ··· 57
　　3.2.3　中心职能 ··· 57
　　3.2.4　发展情况 ··· 58
　　3.2.5　检测能力 ··· 58
　　3.2.6　检测范围 ··· 58

第4章　电力北斗应用创新成果 ·· 59
4.1　北斗在电力规划建设方面的应用成果 ································ 59
　　4.1.1　解决方案及其应用 ··· 59
　　4.1.2　产品及其应用 ··· 63
4.2　北斗在电力设施设备管理方面的应用成果 ·························· 67
　　4.2.1　解决方案及其应用 ··· 67
　　4.2.2　产品及其应用 ··· 72
4.3　北斗在电力营销方面的应用成果 ······································ 80
　　4.3.1　解决方案及其应用 ··· 80
　　4.3.2　产品及其应用 ··· 82
4.4　北斗在电力调度控制方面的应用成果 ································ 85
　　4.4.1　解决方案及其应用 ··· 85
　　4.4.2　产品及其应用 ··· 87
4.5　北斗在电力物资管理方面的应用成果 ································ 91
　　4.5.1　解决方案及其应用 ··· 91
　　4.5.2　产品及其应用 ··· 91
4.6　北斗在电力后勤方面的应用成果 ······································ 93
　　4.6.1　解决方案及其应用 ··· 93
　　4.6.2　产品及其应用 ··· 93
4.7　北斗在电力国际业务方面的应用成果 ································ 96

第5章　电力北斗应用效能 ·· 97
5.1　电力北斗应用基础设施运营服务效能 ································ 97
　　5.1.1　电力北斗地基增强网运营服务效能 ································· 97
　　5.1.2　电力北斗时频服务网运营服务效能 ································· 98

  5.1.3 北斗卫星综合服务平台服务效能 ·· 99
 5.2 电力北斗终端应用效能 ·· 101
  5.2.1 电力北斗导航定位终端应用效能 ·· 101
  5.2.2 电力北斗授时终端应用效能 ·· 103
  5.2.3 电力北斗短报文通信终端应用效能 ·· 104

第6章 电力北斗技术应用发展趋势及建议 ·· 107
 6.1 电力北斗技术发展趋势及展望 ··· 107
 6.2 电力北斗应用规模及特点 ·· 110
  6.2.1 电力北斗应用规模 ·· 110
  6.2.2 电力北斗应用产业链现状 ·· 111
  6.2.3 电力北斗应用特点 ·· 112
 6.3 电力北斗创新应用发展趋势及建议 ·· 113
  6.3.1 发展趋势 ··· 113
  6.3.2 发展建议 ··· 114

附录1 主要缩略词 ·· 117
附录2 电力北斗关键应用技术典型企业名录 ······································ 121

参考文献 ··· 124

第 1 章 卫星导航系统及产业发展

1.1 国外卫星导航发展现状及趋势

1.1.1 美国 GPS

全球定位系统（Global Positioning System，GPS）是在美国海军导航卫星系统（多普勒卫星）的基础上发展起来的无线电导航定位系统，具有全天候、全天时连续导航、定位和定时功能，能为全球用户提供精密的三维坐标、速度和时间。

GPS 系统由空间段、地面段和用户段三个部分组成。截至 2022 年 4 月 12 日，空间段中 GPS 星座共有在轨工作卫星 30 颗（表 1.1），根据"GPS 现代化计划"，2011 年美国推

表 1.1　GPS 在轨工作卫星

对比项目	传统卫星		现代化卫星		
	BLOCK ⅡA	BLOCK ⅡR	BLOCK ⅡR-M	BLOCK ⅡF	GPS Ⅲ/ⅢF
卫星					
在役数量/颗	0	7	7	12	4
频率和信号	L1 频点 民用 C/A 码 L1&L2 频点军用 精确 P（Y）码	L1 频点 C/A 码 L1&L2 频点 P（Y）码	所有传统信号 L2（L2C）频点 第二代民用信号	所有 BLOCK ⅡR-M 信号 L5 第三代 民用信号	所有 BLOCK ⅡF 信号 L1（L1C）频点 第四代民用信号
新增功能			1. 新增加的军用 M 码，增强抗干扰能力。 2. 为军事信号提供灵活的功率水平	先进原子钟	1. 增强信号的可靠性、准确性和完整性。 2. 在ⅢF 上装激光反射器、增加搜索和救援有效载荷
设计寿命	7.5 年	7.5 年	7.5 年	12 年	15 年
发射时间	1990—1997 年，最后一颗卫星在 2019 年退役	1997—2004 年	2005—2009 年	2010—2016 年	2018 年开始发射

进了GPS更新换代进程。GPS-BLOCK ⅡF卫星是第二代GPS向第三代GPS过渡的最后一种型号，将进一步使GPS提供更高的定位精度。

地面段由主控制站、备份主控制站、4个地面天线组成的网络以及分布于全球的监测站网络组成。主控制站位于美国科罗拉多州的Schriever空军基地。在2007年9月，GPS运行控制部分进行了名为"GPS现代化计划"，对系统进行全面的升级和更新，将主控制站的1970年的主计算机系统更换为当代的分布式计算机系统。

用户段由接收器、处理器和天线组成，陆地、海洋或空中操作人员可以接收GPS卫星广播，并计算其精确位置、速度和时间。

更新换代进程于1996年提出，包括空间段、地面段和用户段的现代化升级改造，目标是极大地缓解当前GPS存在的脆弱性问题，为全球用户提供高抗干扰、高定位精度和高安全可靠的服务。其第一个标志性行动是，从2000年5月1日起，取消GPS卫星人为恶化定位精度的选择可用性（Select Availability，SA）技术，致使定位精度有数量级的提升。20多年来，美国逐步将军用民用信号分离，在强化军用信号的同时，将民用信号从1个增加到4个，除了保留L1频点上的C/A码民用信号之外，还在原来的L1和L2频点上增加民用L1C和L2C码，新增加L5频点民用信号，增强了民用信号的同时，改善了定位精度、信号可用性和完好性、服务的连续性、信号抗干扰能力。

目前第三代GPS研发工作正在进行，第一颗GPS-Ⅲ卫星于2018年发射，整个GPS-Ⅲ星座计划将用近20年的时间完成，以此取代GPS-Ⅱ。第三代GPS将选择全新的优化设计方案，放弃现行的6轨道24颗卫星星座的布局和结构，计划用33颗GPS-Ⅲ卫星构建成高椭圆轨道（Highly Elliptical Orbit，HEO）和地球静止轨道（Geostationary Orbit，GEO）相结合的新型GPS混合星座。此外，其现代化核心是增加L5频点和民用信号数量与改变制式，实现与其他全球卫星导航系统（Global Navigation Satellite System，GNSS）信号的兼容互操作，最后1颗GPS-ⅢF预计2034年发射，宣告GPS现代化进程结束。

1.1.2 俄罗斯GLONASS

俄罗斯全球卫星导航系统（GLObal NAvigation Satellite System，GLONASS）是由苏联国防部独立研制和控制的第二代军用卫星导航系统，该系统是继GPS后的第二个全球卫星导航系统。项目从1976年开始运作，于1982年10月12日，成功发射第1颗GLONASS卫星，到1996年1月，24颗卫星完成全球组网，宣布进入完全工作状态。之后，随着苏联解体，GLONASS步入艰难维持阶段，2000年年初，该系统仅有7颗卫星正常工作，几近崩溃边缘。2001年8月，俄罗斯政府通过了2002—2011年GLONASS恢复和现代化计划，情况有所改善，恢复并进行GLONASS的现代化建设工作，GLONASS导航星座历经10年瘫痪之后终于在2011年年底恢复全系统的运行。2012年，俄罗斯继续发射6颗卫星，并在2015年使其定位精度达到3m，实现与GPS/Galileo在L1频点上的兼容和互用。

GLONASS至今已有三代卫星，其中第一代卫星是GLONASS基本型，第二代卫星是GLONASS-M现代化卫星，第三代卫星是最新的GLONASS-K卫星，又分为GLONASS-K1和GLONASS-K2两种型号。截至2022年6月，GLONASS空间段中共有在轨卫星25颗,其中22颗正在运转,3颗在保养维修阶段。22颗均匀地分布在3个近圆形的轨道平面上,这三个轨道平面两两相隔120°,每个轨道面有8颗卫星,同平面内的卫星之间相隔45°,轨道高度2.36万km,运行周期11小时15分,轨道倾角56°。

GLONASS系统由俄罗斯航天局管理,地面部分由系统控制中心、中央同步器、遥测遥控站(含激光跟踪站)组成。系统控制中心和中央同步处理器位于莫斯科,遥测遥控站位于圣彼得堡、捷尔诺波尔、埃尼谢斯克和共青城。

GLONASS用户设备(即接收机)能接收卫星发射的导航信号,测量其伪距和伪距变化率,同时从卫星信号中提取并处理导航电文。接收机处理器对上述数据进行处理并计算出用户所在的位置、速度和时间信息。GLONASS系统提供军用和民用两种服务。GLONASS系统最初绝对定位精度水平方向为16m,垂直方向为25m。GLONASS系统的主要用途是导航定位,与GPS系统一样,也可以广泛应用于各种等级和种类的定位、导航和时频领域等。GLONASS系统使用频分多址(Frequency Division Multiple Access,FDMA)的方式,每颗GLONASS卫星广播L1和L2两种信号。具体地说,频率分别为L1=1602+0.5625×k(MHz)和L2=1246+0.4375×k(MHz),其中k=1,…,24,为每颗卫星的频率编号,同一颗卫星满足L1/L2=9/7。在2013年前后发射GLONASS-K2卫星在原来的FDMA频率附近另加3个码分多址(Code Division Multiple Access,CDMA)信号。GLONASS卫星的载波上也调制了S码和P码两种伪随机噪声码。俄罗斯对GLONASS系统采用了军民合用、不加密的开放政策。

1.1.3 欧盟Galileo

伽利略卫星导航系统(Galileo)是由欧盟研制和建立的全球卫星导航系统,该计划于1999年2月由欧洲委员会公布,并和欧洲航天局(European Space Agency,ESA)共同负责。Galileo全球设施部分由空间段和地面段组成。空间段的30颗卫星均匀分布在3个中高度圆形地球轨道上,轨道高度为23616km,轨道倾角56°,轨道升交点在赤道上相隔120°,卫星运行周期为14h,每个轨道面上有1颗备用卫星。某颗工作卫星失效后,备份卫星将迅速进入工作位置,替代其工作,而失效卫星将被转移到高于正常轨道300km的轨道上。

2012年10月,Galileo第二批2颗卫星成功发射升空,太空中已有的4颗正式的伽利略卫星,可以组成网络,初步实现地面精确定位的功能。2016年12月,18颗工作卫星发射完成后,Galileo具备了早期操作能力(Early Operational Capability,EOC)。2021年12月,Galileo星座基本布满,24颗工作卫星分置于3个中圆地球轨道面内,2颗卫星位于椭圆轨道上。已具备完全操作能力(Full Operational Capability,FOC)。Galileo定位精准度:水平方向4m,垂直方向8m。

地面段包括全球地面控制段、全球地面任务段、全球域网、导航管理中心、地面支持设施、地面管理机构。地面段主要由2个位于欧洲的Galileo控制中心(Galileo Control Center,GCC)和29个分布于全球的Galileo传感器站(Galileo Sensor Station,GSS)组成,另外还有分布于全球的5个S波段上行站和10个C波段上行站,用于控制中心与卫星之间的数据交换。控制中心与传感器站之间通过冗余通信网络相连。全球地面部分还提供与服务中心的接口、增值商业服务以及与全球卫星搜救系统（COSPAS-SARSAT）的地面部分一起提供搜救服务。

Galileo系统主要提供基本服务、特殊服务和扩展服务三种服务。其中，基本服务为用户提供导航、定位、授时等基础服务；特殊服务指搜索与救援（Search and Rescue, SAR）功能；扩展服务包括为用户提供在飞机导航和着陆系统中应用的铁路安全运行调度、海上运输系统、陆地车队运输调度、精准农业等服务。

Galileo系统是世界上第一个基于民用的全球卫星导航系统，投入运行后，全球的用户将使用多制式的接收机，获得更多的导航定位卫星的信号，这将在无形中极大地提高导航定位的精度。

1.1.4 日本QZSS

日本准天顶卫星导航系统（Quasi-Zenith Satellite System，QZSS）是一个区域性，适用在任何天气情况下连续的定位、导航和授时系统，现由日本卫星定位研究和应用中心（SPRAC）负责研发管理。日本多山地形加上密集复杂的建筑空间结构，使其存在很多遮挡卫星信号的因素，产生严重的多路径影响；因此为了改善卫星定位在日本的精度，日本政府和企业联合建立了QZSS。日本的卫星导航技术探索开始于1972年，提出了轨道设计倾角为45°的方案。2007年9月，日本科学与技术委员会确立了区域卫星导航系统的长期发展目标，即QZSS卫星既发射自主导航信号也播发GPS增强信号，以保证日本在极端条件下会有独立自主的卫星导航服务。

QZSS的空间段由4颗卫星组成，2010年9月，第一颗QZSS卫星Michibiki成功发射升空，用于试验能够增强卫星导航服务在日本的服务能力。2012年9月，日本政府正式批准了QZSS建设计划，投资建设地面控制系统以及空间星座系统。截至2018年11月，QZSS的4颗卫星星座已部署完成并开始运行。预计在2027年之前，日本将再发射3颗卫星，实现由7颗卫星构成的星座并全面运行。

QZSS地面段由1个主控站、9个监测站和1个跟踪控制站三个部分组成。主控站能够生成导航电文、轨道预报及进行数据分析，在此基础上控制监测站并生成定位命令，进而控制星载定位系统。监测站是卫星数据的自动采集中心，在日本和海外国家安装，以便于收集卫星信号。跟踪控制站通过测控链路与QZSS卫星保持通信，接收主控站发布的遥测命令进而控制卫星，并把主控站计算的导航数据和主控站指令上传注入至卫星。

QZSS共提供5类频率8种信号，提供可与GPS（L1、L2和L5）互操作的信号，L6（LEX）信号用于播发厘米级增强服务以及S频点信号用于安全确认服务。其中，L1 S信号既提供亚米级增强服务，也提供灾害与危机卫星管理报告服务；L5 S信号作为一种新技术为验证定位信息提供环境，所以被用作定位技术验证服务。

QZSS主要为东亚（包括日本和大洋洲）提供导航定位服务。QZSS主要为移动用户提供基于通信（视频、音频和数据）和定位服务，定位服务可以视为是GPS的增强服务，类似美国联邦航空局建立的广域增强系统（Wide Area Augmentation System，WAAS）。QZSS通过两种方式增强GPS系统的服务：一种是系统可用性增强，即改善GPS导航无线电信号；另一种是系统性能增强，即通过提高定位解算精度来改善GPS的可靠性和定位精度。QZSS是一个区域定位系统，主要是满足提高日本及其周边的GPS定位的功能。目前，它只是作为GPS的一个辅助和增强系统。随着卫星数量和密度的不断增加，QZSS可以升级为独立的卫星导航系统，提供完整的卫星导航功能。

1.1.5 印度IRNSS

印度卫星导航系统由印度空间研究组织（India Space Research Organization，ISRO）和印度机场管理局（Airports Authority of India，AAI）联合组织开发，包括印度区域卫星导航系统（Indian Regional Navigation Satellite System，IRNSS）与印度GPS辅助型近地轨道增强系统（GPS Aided Geo - Augmented Navigation，GAGAN）两部分。IRNSS（又称为NavIC）由印度空间研究组织（ISRO）组织实施，它是一个独立的区域导航系统，覆盖印度领土及周边1500km范围，提供定位精度优于20m的服务，IRNSS系统提供标准定位服务（Standard Positioning Service，SPS）和限制服务（Restricted Service，RS）两种服务。

IRNSS系统基本星座由7颗卫星组成，由对地静止卫星和非静止卫星组成。3颗对地静止卫星轨道倾角为5°，分别位于34°E、83°E和131.5°E。其余4颗地球同步轨道卫星倾角为29°，分别位于55°E和111.5°E。IRNSS系统具备定位、导航及授时服务的持续区域覆盖能力。

IRNSS系统地面段包括9个卫星控制地球站（IRNSS Satellite Control Earth Stations，SCES）、2个印度区域卫星导航系统导航中心（IRNSS Navigation Center，INC）、2个卫星控制中心（Satellite Control Center，SCC）、17个印度区域卫星导航系统测量与完好性监测站（IRNSS Range & Integrity Monitoring Stations，IRIMS）、2个印度区域卫星导航系统时间中心（IRNSS Network Timing，IRNWT）、4个印度区域卫星导航系统码分多址测距站（IRNSS CDMA Ranging Stations，IRCDR）、2个印度区域卫星导航系统数据通信网（IRNSS Data Communication Network，IRDCN）以及1个激光测距站（Laser Ranging Station，LRS）。

IRNSS系统空间采用C频段、S频段和L频段3个频段作为载波。其中C频段频率主要用于测控，使用L5频段和S频段发射卫星下行导航信号，中心频点分别为1176.45MHz、2492.028MHz，SPS服务采用BPSK - R（1）调制，RS服务采用BOC（5，2）调制，分为导频和数据两个通道。

1.2 北斗卫星导航系统发展及应用现状

1.2.1 北斗系统发展现状

北斗卫星导航系统（BeiDou Navigation Satelite System，BDS，简称北斗系统）是我国着眼于国家安全和经济社会发展需要，自主建设并运行的全球卫星导航系统，是国家重要的时空战略基础设施。它能够为全球用户提供全天候、全天时、高精度的定位、导航、授时及短报文通信服务。北斗系统按照"三步走"发展战略开展建设。

北斗一号系统1994年启动建设，2000年开通试运行，2003年正式投入使用。北斗一号系统空间段是由3颗地球同步轨道卫星，即GEO卫星组成，其中2颗为工作卫星，分别位于 80°E 和 140°E；一颗为备份卫星，位于 110.5°E。北斗一号系统的覆盖范围是 5°N~55°N，70°E~140°E。其定位水平精度 100m（1σ）。系统的处理能力为每小时 54 万次，实际测试达到了每小时 72 万次。北斗一号系统采用有源定位体制。定位原理是主动式双向测距，地面中心控制系统解算，为我国用户提供定位、授时和短报文通信服务，解决了我国卫星导航系统有无问题。

北斗二号系统 2004 年启动建设，2012 年投入使用。该系统由 14 颗卫星组成。其中包括：5 颗地球静止轨道（GEO）卫星、5 颗倾斜地球同步轨道（Inclined Geo-Synchronous Orbit，IGSO）卫星和 4 颗中圆地球轨道（Medium Earth Orbit，MEO）卫星。北斗二号系统 GEO 卫星的轨道高度为 35786km，分别定点于 58.75°E、80°E、110.5°E、140°E、160°E。IGSO 卫星的轨道高度为 35786km，轨道倾角为 55°，分布在三个轨道面内，升交点赤经分别相差 120°，其中 3 颗卫星的星下点轨迹重合，交叉点经度为 118°E，其余 2 颗卫星星下点轨迹重合，交叉点经度为 95°E。MEO 卫星轨道高度为 21528km，轨道倾角为 55°，回归周期为 7 天 13 圈。四颗 MEO 卫星位于第一轨道面 7、8 相位、第二轨道面 3、4 相位。北斗二号系统在兼容北斗一号系统基础上，增加无源定位，为亚太地区用户提供定位、测速、授时和短报文通信服务。服务区域：55°S~55°N，55°E~180°E，定位精度优于 10m，测速精度优于 0.2m/s，授时精度优于 50ns。北斗二号系统解决中国与周边区域导航与位置服务问题。北斗二号系统播发三个频率。B1 频点的频率为 1561.098MHz，B2 频点的频率为 1207.14MHz、B3 频点的频率为 1268.52MHz。

北斗三号系统 2009 年启动建设，2020 年 6 月 23 日，最后一颗 GEO 组网卫星发射成功。2020 年 7 月 31 日，北斗三号系统建成暨开通仪式在北京人民大会堂举行，中共中央总书记、国家主席、中央军委主席习近平出席仪式，并亲自宣布北斗三号全球卫星导航系统正式开通。标志着我国成为世界上第三个独立拥有全球卫星导航系统的国家。

北斗三号系统提供多种服务，具体包括面向全球范围，提供定位导航授时，即无线电导航卫星业务（Radio Navigation Satellite Service，RNSS）、全球短报文通信（Global Short Message Communication，GSMC）和国际搜救（SAR）服务；在我国及周边地区，提供星基增强系统（Satellite-Based Augmentation System，SBAS）、地基增强系统（Ground-Based Augmentation System，GBAS）、精密单点定位（Precise Point Positioning，PPP）和区域短报文通信（Regional Short Message Communication，RSMC）服务。

北斗三号系统由空间段、地面段和用户段三部分组成。空间段星座由 3 颗地球同步轨道（GEO）卫星、3 颗倾斜地球同步轨道（IGSO）卫星和 24 颗中圆地球轨道（MEO）卫星组成。GEO 卫星轨道高度 35786km，分别定点于 80°E、110.5°E 和 140°E；IGSO 卫星轨道高度 35786km，轨道倾角 55°；MEO 卫星轨道高度 21528km，轨道倾角 55°，均匀分布于三个轨道平面上。

地面段负责系统导航任务的运行控制，主要由主控站、时间同步/注入站、监测站等组成。

用户段包括北斗兼容其他卫星导航系统的芯片、模块、天线等基础产品，以及终端产品、应用系统与应用服务等,如图1.1所示。

北斗三号系统采用北斗坐标系(BeiDou Coordinate System,BDCS)。BDCS的定义符合国际地球自转参考系服务(International Earth Rotation and Reference Systems Service,IERS)规范,采用2000中国大地坐标系(China Geodetic Coordinate System 2000,CGCS2000)的参考椭球参数,对准于最新的国际地球参考框架(International Terrestrial Reference Frame,ITRF),每年更新一次,如图1.2所示。

项目	参数
椭球半长轴	6 378 137.0
椭球扁率	1/298.257 222 101
地心引力常数	3 986 004.418×$10^8 m^3 \cdot s^{-2}$
地球自转角速度	7 292 115.0×$10^{-11} rad \cdot s^{-1}$

图1.1 北斗系统用户段　　图1.2 北斗系统采用的CGCS2000参考椭球参数

北斗三号系统的时间基准为北斗时(BDS Time,BDT)。BDT采用国际单位制(SI)秒,不闰秒,起始历元为2006年1月1日协调世界时(Coordinated Universal Time,UTC)00时00分00秒。BDT通过中国科学院国家授时中心(National Time Service Center,NTSC)UTC与国际UTC建立联系,BDT与UTC的偏差保持在50ns以内(模1s)。BDT与UTC之间的闰秒信息在导航电文中播报。

北斗三号系统可以向全球范围地球表面及空中用户提供定位导航授时服务。该服务通过北斗三号系统空间星座中卫星的B1C、B2a、B2b和B1I、B3I信号提供,用户通过该服务可确定自己的位置、速度和时间。全球范围实测定位精度水平方向优于2.5m,垂直方向优于5.0m,测速精度优于0.2m/s,授时精度优于20ns。系统连续性提升至99.996%,可用性提升至99%。

北斗三号系统可以提供全球短报文通信服务,向我国及周边地区(55°E~135°E,10°N~55°N的区域)地球表面及空中扩展1000km高度的近地区域的用户提供区域短报文服务,区域短报文服务是通过北斗系统空间星座中3颗GEO卫星的L频段和S频段信号提供。

北斗三号系统可以向我国及周边地区(75°E~135°E,10°N~55°N的区域)地球表面及空中扩展1000km高度的近地区域的用户提供精密单点定位服务。精密单点定位服务通过北斗三号系统空间星座中的3颗GEO卫星的PPP-B2b信号提供,用户可通过该服务实现高精度定位，主要性能指标包括定位精度和收敛时间等。

北斗三号系统可以向全球范围地球表面及空中扩展 50km 高度的近地区域内，信标运动速度小于 1 马赫的所有用户提供国际搜救服务。国际搜救服务由北斗三号系统空间星座中均匀分布在 3 个轨道面的 6 颗搭载有搜救载荷的 MEO 卫星提供，它们分别位于 MEO 卫星第一轨道面的 6、8 相位，第二轨道面的 1、3 相位和第三轨道面的 3、5 相位。返向链路由北斗三号系统空间星座中 24 颗 MEO 卫星和 3 颗 IGSO 卫星提供，由星间链路支持。

北斗三号系统可以向我国及周边地区移动通信覆盖的区域提供地基增强服务。用户可通过该服务实现实时米级、分米级、厘米级和事后毫米级的高精度定位，主要性能指标包括定位精度和收敛时间等。

北斗三号系统性能方面：一是全球定位精度优于 10m，在亚太地区定位精度优于 5m，测速精度 0.2m/s，授时精度 10ns；二是采用了更高性能的铷原子钟和氢原子钟，铷原子钟天稳定度为 10^{-14} 量级，氢原子钟天稳定度为 10^{-15} 量级；三是采用新的技术，空间信号精度（Signal in Space Accuracy，SISA）优于 0.5m；四是增加了性能更优的互操作信号 B1C，同时，将 B2I 信号升级为性能更优的 B2a 信号。

北斗三号系统功能方面：一是在提高基本导航服务能力的基础上，按照国际民航标准提供了星基增强服务；二是按照国际搜救卫星组织标准，提供了国际搜索救援服务；三是在全面兼容北斗二号系统短报文服务基础上，将服务容量提升 10 倍，用户机发射功率降低 10 倍，即区域短报文从北斗二号系统的 120 个汉字拓展到 1000 个汉字。

北斗三号系统与 GPS、GLONASS、Galileo 比较，具有明显的优势：一是北斗系统空间段采用三种轨道卫星组成的混合星座，与其他卫星导航系统相比，具有高轨卫星，抗遮挡能力强，尤其低纬度地区，高山峡谷、高楼林立的城市其性能优势更为明显；二是北斗提供多个频点的导航信号，能够通过多频信号组合使用等方式提高服务精度；三是北斗创新融合了导航与通信能力，具有实时导航、快速定位、精确授时、星基增强、地基增强、精密单点定位、短报文通信和国际搜救等多种服务能力。

北斗三号系统是当前世界四大全球卫星导航系统中性能最优、功能最全、定位精度最高的全球卫星导航系统之一，充分展示了中国的北斗、世界的北斗、一流的北斗发展理念，是中国贡献给世界的全球公共服务产品。北斗三号系统也是全球卫星导航系统中建设速度最快的系统。从 2009 年 11 月启动后，400 多家单位、30 余万科技人员集智攻关，攻克星间链路、高精度原子钟等 160 余项关键核心技术，突破 500 余种器部件国产化研制，实现北斗三号卫星核心器部件国产化率 100%，做到了完全自主可控。北斗三号系统以总体、技术、质量、进度为标准，创新研制建设体系，单星研制周期缩短四分之一，运载火箭总装周期缩短三分之一，卫星入网周期缩短四分之三。构建形成风险分析及控制保障链，不带隐患发射，不带疑点上天。自 2017 年 11 月起，两年半时间高密度发射 18 箭 30 星，建成 40 余个地面站，快速形成星地一体化运行能力。2020 年 7 月，提前半年完成全球星座部署，建成并开通北斗三号系统。做到了建成即开通、开通即服务。展示了中国造福人类的智慧和力量，促进了全球卫星导航事业蓬勃发展。

1.2.2 北斗系统在国内应用现状

北斗三号系统建成开通服务以来，持续稳定运行。经全球连续监测评估系统实测，北斗三号系统定位导航授时服务全球范围性能指标先进、亚太区域性能更优。据2022年8月1日中央电视台新闻频道对北斗三号组网两周年的报道，当前在轨北斗二号、三号45颗卫星运行连续稳定，全球范围水平定位精度约1.52m，垂直定位精度约2.64m，测速精度优于0.1m/s，授时精度优于20ns。多个行业、部门和省市已将北斗应用及产业化发展纳入"十四五"规划。北斗系统已广泛进入各行各业，包括大众消费、共享经济和民生领域等，深刻改变着人们的生产生活方式，产生了显著的经济效益和社会效益。

据中国卫星导航定位协会发布的《2022中国卫星导航与位置服务产业发展白皮书》披露，截至2021年年底，国产北斗兼容型芯片及模块销量已超过2亿片，季度出货量突破1000万片；具有北斗定位功能的终端产品社会总保有量超过12亿台（套）（含智能手机）；2021年国内厘米级应用高精度芯片、模块和板卡的总出货量持续增长，达到120万片；伴随芯片等基础产品技术的持续突破，国内建立并实施了北斗基础产品质量认证制度。

目前，北斗已广泛应用于我国交通运输、国土资源、电力、通信、基础建设、公共安全、救灾减灾、农林牧渔、城市治理等行业，应用规模稳步扩大，综合效益不断显现。

1.2.2.1 北斗系统在交通运输领域的应用

北斗系统在交通运输领域的应用，包括航空、航海、铁路运输、陆路交通等方面。2021年9月，交通运输部副部长王志清在首届北斗规模应用国际峰会上指出，交通运输行业是北斗系统最大的民用行业用户之一，北斗系统已成为行业转型升级发展不可或缺的关键要素。北斗系统融入交通运输行业方方面面，在提升运输效率、保障生产安全、提高服务水平等方面发挥着重要作用，如图1.3所示。"十四五"时期，交通运输部将持续深入推进行业北斗系统规模化应用。一是加强规划引领和政策支持，制定行业北斗系统应用中长期发展规划，研究相关政策法规和标准规范；二是拓展北斗应用领域和模式，持续探索北斗系统在多元场景下的应用，推动北斗系统融入交通运输新基建；三是助力行业北斗产业化发展，注重发挥市场主体作用，加强跨部门跨领域合作；四是大力推进北斗国际化应用，持续推动北斗系统纳入有关国际组织和国际标准，推动北斗系统为全球交通运输行业提供服务。

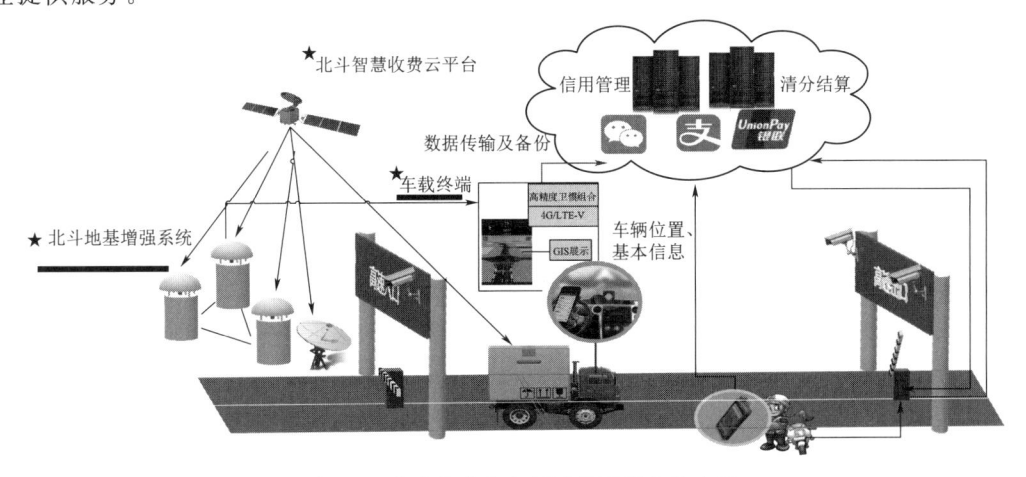

图1.3 北斗在道路车辆运输管理中的应用

目前，全国超过 780 多万辆道路营运车辆，47000 多艘船舶都应用了北斗系统；长江干线北斗增强系统基准站和水上辅助导航设施数量为 13106 座；近 500 架应用北斗系统的通用航空器；北斗高精度共享单车的投放量已经突破 500 万辆。

1.2.2.2　北斗系统在国土资源领域的应用

自然资源部履行全民所有土地、矿产、森林、草原、湿地、水、海洋等自然资源资产管理职责和所有国土空间用途管制职责，主管全国土地、矿产、海洋、测绘、地质等行业。自 2012 年北斗二号系统提供区域服务以来，北斗在测绘、海洋、土地、矿产、地质等行业已经得到广泛应用。2021 年自然资源部提出要加快对基准站和数据中心北斗化改造和配套升级工作。要求 2021 年年底前，国家和省级数据中心要具备对北斗数据处理能力；2022 年年底前，基准站要全面接收北斗数据，国家和省级数据中心实现优先提供北斗数据服务。

我国要求新购置全球卫星导航系统（GNSS）相关软、硬件产品，应采购基于北斗服务或优先北斗服务的安全可信产品；已有 GNSS 相关软、硬件产品，应通过升级完善系统或更换零部件实现基于北斗服务或优先北斗服务，要求在 2022 年年底前完成升级优化。2021 年年底前，自然资源管理中测绘工作涉及的卫星导航定位、基准服务全面实现北斗化；2022 年年底前，其他自然资源管理，如耕地保护、自然保护地监管、地质矿产、海洋监测、林草碳汇计算等，涉及定位、导航、授时等功能需求时，要全面应用北斗。

1.2.2.3　北斗系统在电力、通信领域的应用

目前，电力行业已广泛推广应用北斗定位、授时、短报文通信等各类终端，在电力调控、信息管理领域全面应用北斗授时信号。

国家电网有限公司（以下简称国家电网）已开展电力行业北斗地基增强基准站的建设和部署应用，为无人机自主巡检、变电站机器人巡检、杆塔监测等业务应用的智能设备提供可靠、精准、稳定的高精度位置服务。同时，将北斗作为支撑国家"双碳"目标、助推实现电网数字化转型发展的必要时空技术手段。在北斗短报文应用方面实现了营销、输电、配电等业务数据信息和控制指令安全传输，基于北斗的用电信息采集系统已遍布甘肃、宁夏、陕西、四川等省（自治区）的十几个边远地市。下一步，国家电网将加强关键领域规模化应用，积极构建运营服务，通过天空地一体化全时空感知体系，为智慧能源应用提供高精度时空基准，为电网数字孪生提供技术支撑和门户入口。

中国南方电网有限责任公司（以下简称南方电网）发布了《南方电网公司北斗卫星导航系统"十四五"应用规划》，提出 2022 年实现 500kV 及以上线路自主巡检全覆盖；2025 年建成北斗高精度地质灾害监测站不少于 300 个，提供精准实时的地质灾害监测和预警服务。目前，南方电网北斗一体化运营服务平台已上线，通过由 607 座北斗定位基准站组成的高精度服务网，为广东、广西、云南、贵州、海南五省（自治区）提供高精度位置、常规位置、短报文通信、时频监测等四大服务。其中，高精度位置服务可为南方电网供电区域的无人机自主巡检、变电站机器人巡检、杆塔监测等业务应用的智能设备提供可靠、精准、稳定的高精度位置服务；常规位置服务可为公司的车辆管理、物资流转、人员定位等提供高效、安全、便捷管理手段；短报文通信服务可在应急情况下提供补充通信

服务管理；时频监测服务可为电力设备提供精准的时间频率监测管理，保障电网生产安全。同时，南方电网已在广东、广西、云南、贵州等省（自治区）试点开展地质灾害监测应用，通过实时监测地质变化和杆塔状态，提升了安全管理和灾害预警能力。未来，北斗系统将在电网无人机自主巡检和地质灾害监测等方面发挥出更加重要的作用。

在通信领域，中国移动依托现有5G基站站址，在全国范围内建设超过4000座北斗地基增强基准站，建成全球规模最大的"5G＋北斗"高精度服务系统，可面向全国31个省（自治区、直辖市）广大区域提供高精度定位服务，并率先实现全面支持北斗系统。

1.2.2.4 北斗系统在邮政领域的应用

邮政业是国家重要的社会公用事业，是服务生产、促进消费、畅通循环的现代化先导性产业。北斗系统在邮政运输车辆应用较好，4万多辆邮政快递干线车辆安装了北斗应用终端。2021年国务院办公厅下发的《加快农村寄递物流体系建设的意见》（国办发〔2021〕29号）指出："农村寄递物流是农产品出村进城、消费品下乡进村的重要渠道之一，对满足农村群众生产生活需要、释放农村消费潜力、促进乡村振兴具有重要意义"。要求："2022年6月底前在全国建设100个农村电商快递协同发展示范区，带动提升寄递物流对农村电商的定制化服务能力"。湖南省积极开展全省农村客货邮融合发展试点工作，充分利用物联网、互联网、北斗＋5G等高科技技术集成融合，建立了快递末端规范投递和信息管理服务体系，县级邮政快递物流配送中心、信息管理平台、分拣中心、智能仓储、设备管理的日常业务均采用北斗系统提供的时空信息。农村邮政快递物流各种运输车辆及配送车辆上均安装北斗接收装置。工作人员手持数据采集终端和收寄智能网联一体机均能实现北斗定位，并将位置、时间信息传输到县级邮政快递物流信息管理平台或数据中心。在特殊场合、偏远地区或通信不畅的区域，还可以采用北斗区域短报文实现通信信息的应急传递。北斗系统在邮政快递物流中的应用如图1.4所示。

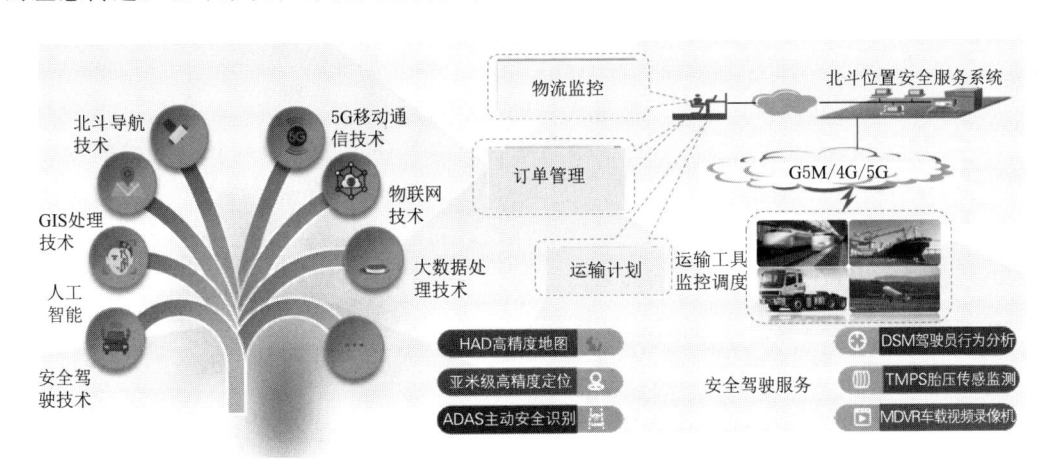

图1.4 北斗系统在邮政快递物流中的应用

1.2.2.5 北斗系统在农业领域的应用

在农业领域，北斗终端作为标准配置的农机企业有45家，已安装农机自动驾驶系统超过10万台，安装农机定位、作业监测等远程运维终端超过45万台（套），全国接入国家精准农业综合数据服务平台的农机装备达到 25.8 万台。北斗在农业领域的应用已经从单纯提供定位信息，发展成为北斗定位导航与液压控制、电子控制以及传感器技术相结合的拖拉机自动驾驶技术。依托该技术保障了农机作业质量、提高了效率。使作业后的田块接行准确、播行直、密度精确、出苗整齐，实现了水稻、小麦、玉米等主粮作物，以及棉花等经济作物的播种、施肥、喷药、收获等环节农机舒适化操作，降低了劳动强度。

农业无人机采用实时动态差分定位技术（Real-Time Kinematic，RTK）实现厘米级精准定位，可以将种子精准、均匀地喷射进泥土浅表层。与人工和传统直播机相比，农业无人机播撒的种子扎根更深，出苗率更高，根系更发达，抗倒伏能力更强。无人机采用北斗系统精准定位配合高效喷洒系统，可以实现精准量施药。操作人员在地头，只需在移动终端上输入各项参数，无人机就可以在北斗系统的帮助下，精确高效地实施自主喷洒，既减少农药使用量，又节省了人工，提高了效率。基于系统北斗的无人驾驶棉花播种机如图 1.5 所示，基于北斗系统的无人机田间管理如图 1.6 所示。

图 1.5　基于系统北斗的无人驾驶棉花播种机　　图 1.6　基于北斗系统的无人机田间管理

北斗系统与通信、物联网、传感器技术融合在农业耕地、播种、施肥、灌溉、喷药、收获等方面的应用，使精准农业越来越精准，促进了农业的发展。

1.2.2.6　北斗系统在林业、水利、渔业领域的应用

2021 年北斗系统在森林资源调查、森林管护、森林防火和应急指挥、森林病虫害防治、野生动植物保护等领域的推广应用，也取得了显著成效。目前，黑龙江、甘肃、广东等 11 个省（自治区）林业示范项目共采购北斗终端超过 9.4 万台（套），其中广东省采购北斗终端超过 3 万台（套），江西省超过 1 万台（套），湖南省超过 9000 台（套）。

北斗系统在水利行业水文监测、大坝变形监测、水情巡检等领域的应用推广也取得了良好示范效果，目前已有超过 2587 处水库应用短报文传递水文监测信息，已有超过 650 处变形滑坡体设置了北斗监测站点。

渔业是北斗系统应用最早的行业。在茫茫的大海上，北斗位置和短报文服务，可以给渔民提供安全保障，解决渔民海上定位和通信问题。2016 年，政府采取优惠措施，大力普及在渔船上安装北斗应用终端，已在沿海 4 万多条渔船上安装了北斗的应用终端。渔民通过该终端实现了海上情况的通报、位置报告、信息交互，可以与手机并网运行，大大解决了渔民海上通信的需求。同时，为沿海岛礁有关部门和居民的信息传输也提供了良好的技术手段，受到了政府部门、渔政部门以及渔民的广泛欢迎。

1.2.2.7 北斗系统在防灾减灾领域的应用

防灾减灾是北斗系统应用突出的领域之一。北斗系统在防灾减灾领域的应用覆盖了灾情上报、灾害预警、救灾指挥、灾情通信，监测楼宇、桥梁、水库、滑坡等众多易造成的地质灾害的建筑物。目前，北斗综合防灾减灾应用系统集成北斗短报文与手机短信、微信的互联互通等功能，采取"部、省"两级部署，为"部、省、市、县、乡镇、社区"六级灾害管理部门提供灾情直报与监控业务应用，具备全国"一张图"救灾资源位置监控能力。如：贵州建立了"基于北斗的地质灾害预报预防应用示范项目"，搭建了以地灾监测数据为基础、地质分析与预测预报为核心、3S技术为支撑的地质灾害监测预警与应急指挥综合管理平台。利用北斗系统高精度定位与短报文数据传输技术实现了地质灾害信息的动态管理、实时预警、灾情巡检和应急指挥等功能，使用自主研发的北斗应用终端数千套，监测范围覆盖全省20个县，建成了在线监测、分析预警、巡检与群测群防、应急指挥等多项功能为一体的省级平台，实现了信息多路并发，确保信息的及时性，从而为灾情巡查和抢救灾区人民生命财产赢得更多宝贵时间。

2021年，自然资源部在全国范围内推进地质灾害普适型监测预警实验，共启动2.2万处地质灾害监测预警工作，四川、湖南、重庆、广西等省（自治区、直辖市）已有超过2000处地质灾害隐患点完成了北斗普适型监测预警系统的现场安装并投入运行。广西壮族自治区河池市的147处地质灾害隐患点布设了近1200套北斗高精度定位监测设备。迄今为止已在河池市成功预警4起滑坡地质灾害，避免可能因灾造成的人员伤亡逾150人。北斗系统在地质灾害监测方面应用如图1.7所示。

图 1.7 北斗系统在地质灾害监测方面应用

中国地震局在地震监测预警中的北斗地基增强框架站超过180座，大陆构造环境监测网络点有2000个，长期监测基准站有260座。

1.2.2.8 北斗系统在公共安全、城市治理领域的应用

为维护公共安全，公安部门初步建成全国"位置一张图、短信一张网、时间一条线"的北斗系统应用框架体系，在治安管理、边境巡控、反恐维稳、禁毒铲毒、大型活动安保等领域开展业务化应用，基于北斗的应急服务系统结构如图1.8所示。2021年，北斗综合位置服务平台全面整合了警用定位资源，可以满足全警种对北斗定位及位置资源信息的综合应用需求。该平台包含北斗卫星导航车载定位系统、北斗可视化巡防勤控系统、城市电动车运营管理平台等。其中车载定位系统已经在安徽省黄山、铜陵、亳州、宿州、蚌埠等14个地市公安部门开展应用，累计装机量突破万台。相关数据显示，截至2021年年底，公安行业应用北斗系统的通信保障终端超过9.2万台（套），移动警务终端超过9.2万台

（套），信息采集终端超过 3500 台（套），指挥调度终端超过 1.8 万台（套）。

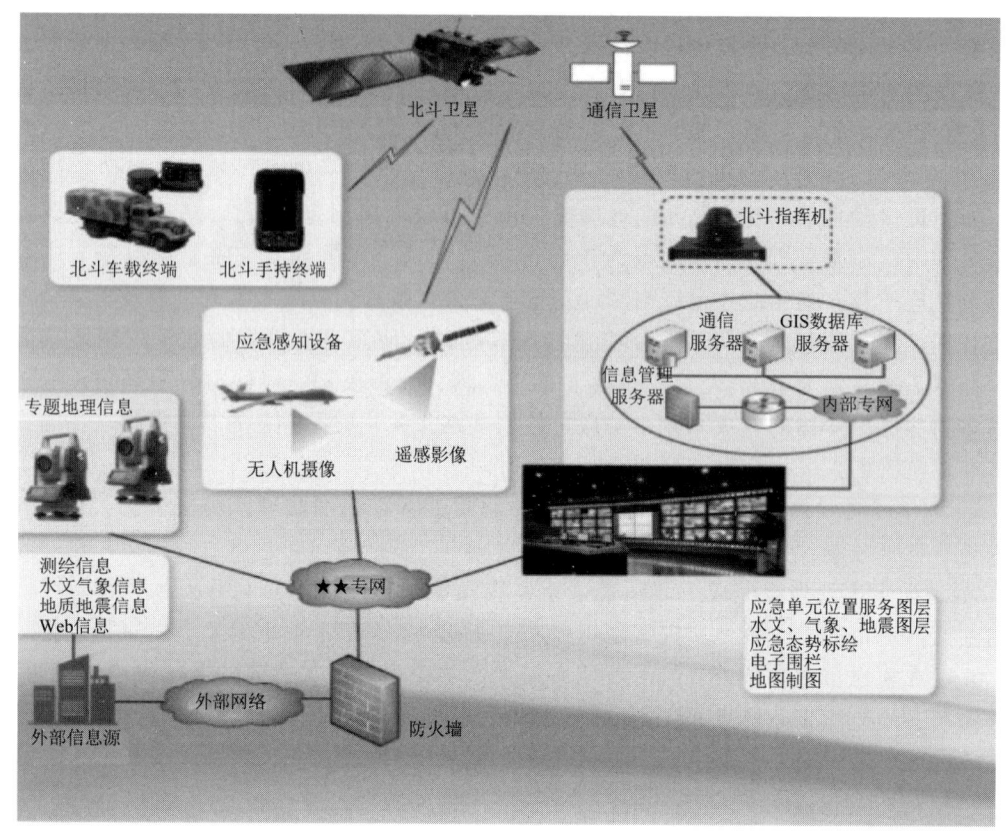

图 1.8 基于北斗的应急服务系统结构图

2021 年，北斗在应急行业的通信保障、信息采集、监测预警、指挥调度等领域得到进一步的广泛应用。其中北斗车载终端应用已超过 1.5 万台，北斗手持终端超过 1000 台。

在城市安全治理领域，北斗在燃气管道管理方面应用已扩展到 600 多个城市。"燃气＋北斗"模式使燃气泄漏被动发现变为主动监测，精准位置服务为智慧燃气提供准确的位置信息和数据基础，极大地提升城市燃气安全管理水平，有效推进燃气行业风险预警与安全管理水平提升。2022 年北京冬季奥林匹克运动会期间，由国内央企、地方国企、院校科研机构和专精特新高新技术企业协同创新开发的北斗高精准燃气泄漏检测系统，对冬奥场馆及其周边进行泄漏检测，保障了首都燃气安全。截至 2022 年 3 月，搭载北斗高精准燃气泄漏检测系统的检测车已经完成 170 余个检测任务，检测 50 余万 km 燃气管线，为全国 120 余个燃气公司提供检测支撑。在银行保险领域，金融系统实现了北斗授时 100% 覆盖，北斗授时设备超过 340 套，超过 550 辆运钞车和护卫车应用北斗终端。

1.2.2.9 北斗系统在智能驾驶、智慧城市领域的应用

2021 年，住建部、工信部发布《关于确定智慧城市基础设施与智能网联汽车协同发展试点城市的通知》（建城函〔2021〕51 号），确定北京、上海、广州、武汉、重庆、深圳、厦门、南京等 16 个城市为智慧城市基础设施与智能网联汽车协同发展试点城市。北

斗系统用于智能驾驶示意如图1.9所示。北京市设立北京市智能网联汽车政策先行区，在全国率先发布早晚高峰测试、高速公路测试、无人化测试、出行服务商业化试点等多项创新政策。目前已累计发放智能网联测试牌照225张，其中乘用车测试号牌120张，无人配送车车身编码86张，高速公路测试号牌4张，无人化道路测试号牌15张，示范区参与企业自动驾驶测试里程超过324万km，占全市70%以上。重庆市着力推进北斗智能座舱终端的车载前装，该终端支持北斗三号卫星信号体制，所采用的国产化芯片符合车规和车载前装要求，有效解决了车载条件下复杂电磁环境干扰，以及融合智能化车载应用等关键技术，目前已在重庆市汽车龙头企业的主力车型上推广应用20万套。

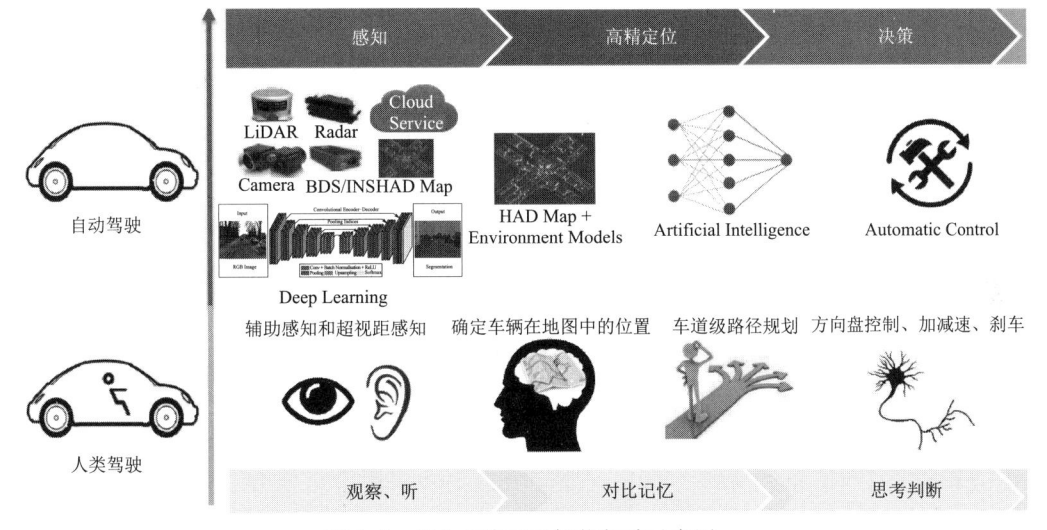

图1.9 北斗系统用于智能驾驶示意图

1.2.2.10 北斗系统在大众消费领域的应用

北斗系统在大众消费领域应用，典型代表就是手机。据统计，2021年国内智能手机出货量为3.43亿部，同比增长15.9%，智能手机上市新机型共483款，同比增长4.3%。其中，国内市场5G手机累计出货量2.66亿部、上市新机型累计227款。2021年前三季度，中国境内申请入网支持北斗定位的智能手机款型占比达到72.3%，出货量占比达到93.5%。

小米、华为、苹果、三星等智能手机厂商均支持北斗系统。具备北斗三号短报文通信能力的大众手机华为Mate50已面市，实现了手机"不换SIM卡、不换手机号、不增加额外设备"即可同时享受北斗短报文和移动通信服务。华为手机还首次推出"高精度定位"服务，提供亚米级的定位精度，可实现行驶车道的精准识别，目前已在深圳、广州、苏州、杭州、重庆、天津、成都、东莞等城市提供服务。

2021年，国家出台了《物联网新型基础设施建设三年行动计划（2021—2023年）》（工信部联科〔2021〕130号）、《5G应用"扬帆"行动计划（2021—2023年）》（工信部联通信〔2021〕77号）、《"双千兆"网络协同发展行动计划（2021—2023年）》（工信部通信〔2021〕34号）等政策文件。鼓励企业在民生消费领域和智慧健康领域研发与应用智能可穿戴设备，这将为卫星导航与位置服务领域的大众应用开辟出又一巨大而广阔的市场空间。例如，北斗智慧养老终端如图1.10所示。

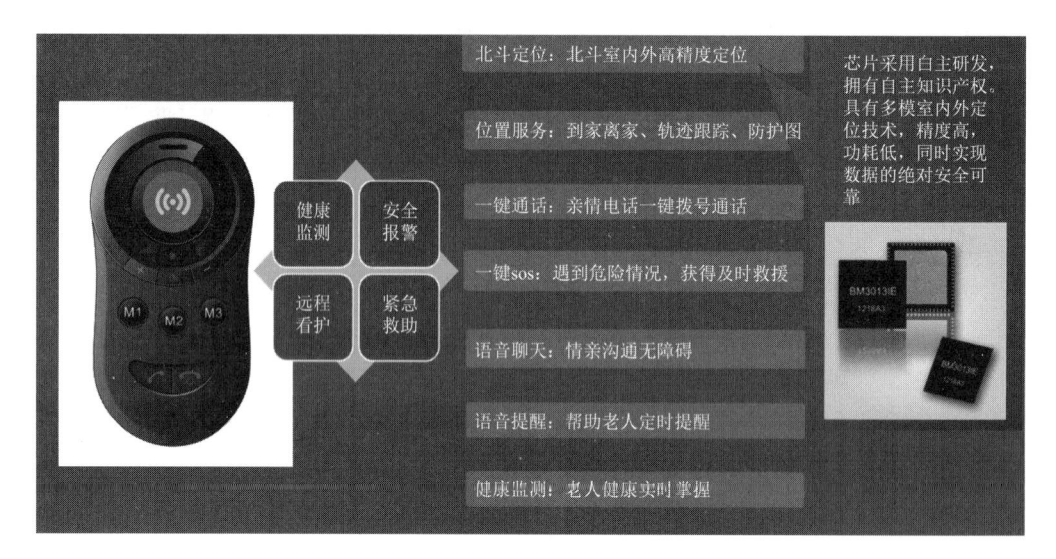

图1.10　北斗智慧养老终端

2022年1月28日，工业和信息化部发出了《工业和信息化部关于大众消费领域北斗推广应用的若干意见》（工信部电子〔2022〕5号）。要求按照党中央、国务院决策部署，提升北斗系统用户体验和竞争优势，将大众消费领域打造成为北斗规模化应用的动力引擎。在繁荣北斗大众消费市场方面提出了要丰富智能终端北斗位置服务，扩大车载终端北斗应用规模，赋能共享两轮车有序管理，培育北斗大众消费新应用等具体意见。

随着国家文件和部委文件的落实，北斗大众消费应用市场将会更加繁荣，北斗将更快、更广、更深入地融合于老百姓的日常生活，给老百姓生活带来更多的便利，更多智能体验。

1.2.3　北斗系统在国外的推广应用

随着"一带一路"战略的实施，北斗系统也走出国门。国产北斗基础产品已出口至120余个国家和地区，基于北斗系统的土地确权、精准农业、智慧港口等，已在东盟、南亚、东欧、西亚、非洲等地成功应用，服务当地经济社会发展，共享卫星导航建设发展成果。2021年11月，中国卫星导航系统管理办公室发布了《北斗卫星导航系统在非十大应用场景》，列举了国内北斗系统应用成果成功推广到国外应用的部分事例。

1.2.3.1　北斗系统在国外道路运输车辆管理领域的应用

面向旅游大巴车、危险品运输车及重型载货运输车等车辆，利用北斗定位导航服务，结合互联网通信技术，实现车辆安全驾驶管理与调度，有效降低道路事故发生风险，提升道路运输管理水平及车辆调度能力。

中国公司将国内应用成功的解决方案推广到国外，包括：在车辆上安装北斗车载终端，获取车辆实时位置信息、运行状态等关键行车数据，通过互联网通信技术实时回传至车辆安全管理系统。车辆安全管理系统利用终端获取的车辆位置数据，实现对车辆动态位置数据的实时查看和管理、车辆历史轨迹查询、车辆编队调度管理等功能。通过系统与终端联动报警功能，对出现超速驾驶、疲劳驾驶等违规行为进行告警。

南非BRISK FAST公司采用"北斗高精度定位终端＋车辆定位监控系统＋国际物联

卡"解决方案,实现了对往返于刚果(金)→赞比亚→博茨瓦纳→南非→津巴布韦(博茨瓦纳)→赞比亚→刚果(金)的车辆全程定位监控、实时调度等综合信息管理,有效提高了车辆管理能力和管理效率。

赞比亚 Wideway 是一家专业从事硫酸运输的公司。针对客户严控危险品运输风险的需求,采用了以北斗高精度定位技术为基础,扩展远程拍照、违规驾驶语音提示等功能的监控系统,对运输车辆、驾驶员及危险品三者的状态进行实时跟踪和监控,结合安全管理制度,有效地防控了车队危险品运输的风险。

1.2.3.2 北斗系统在国外铁路行业的应用

铁路勘察设计、建造施工及运营维护各个阶段均对卫星定位导航授时功能有需求,北斗系统能在铁路基础设施建设及养护维修、时间同步、客货运输调度、形变监测、作业人员安全防护、列车运行控制等领域提供解决方案,为铁路降本提质增效保安全带来切实效益。

北斗系统已经在铁路工程建设、运输调度、行车安全等业务领域形成成熟解决方案:一是面向铁路勘察设计需求的精密工程测量、地质调查,提供高精度位置基准,提高铁路勘察设计效率和质量;二是面向建造施工需求提供基于北斗系统的地质灾害监测、铁路轨道测量及平顺性检测等解决方案,降低施工安全作业风险,提高施工精细化管理水平;三是面向铁路运营维护需求,提供基于北斗系统的列车接近预警防护、营运线上道作业人员安全防护、列车控制等解决方案,推动铁路运营组织和运输服务领域科技创新。中国公司为亚吉铁路等非洲铁路提供基于北斗系统的轨道测量、基础结构形变监测、列车接近预警等解决方案。

1.2.3.3 北斗系统在国外精准农业领域的应用

北斗系统在精准农业领域主要有三类规模化应用场景:一是农机自动驾驶应用,提高农机作业精度,实现节本节能增效;二是农机远程运维应用,提升企业服务能力,改进农机产品质量;三是农机大数据应用,掌握农机作业效率,优化农机发展政策。

采用北斗/GNSS 农机自动驾驶系统,则直接驱动农机转向系统替代驾驶员操作方向盘,实现农机自动驾驶或无人驾驶。该系统已广泛应用于播种、打药、耙地、犁地、中耕、收获、插秧、开沟和起垄等作业,在风沙天和黑夜等能见度较低的情况下也可正常作业。

采用北斗/GNSS 农机远程运维系统应用北斗定位、物联网和移动通信等技术,采集并回传农机的位置、作业与工况等数据,开展农机故障预警,调度售后服务网络,提供精准高效的包修、包换及包退的"三包"服务,改进农机产品质量。

中国科技工作者为非洲农业管理部门和农业合作社,提供基于北斗系统的精准农业技术与装备解决方案。项目位于莫桑比克加扎省赛赛市,占地两万公顷,是莫桑比克乃至非洲最大的水稻合作种植项目。采用基于北斗系统的植保无人机,大幅提升了植保农药喷洒作业效率;在各种大中型拖拉机上使用北斗自动驾驶系统,应用于整个农业的耕、种、管、收环节上,提高了农机作业效率。

1.2.3.4 北斗系统在国际搜救领域的应用

北斗国际搜救系统具备提供符合全球卫星搜救系统要求的卫星搜救服务能力,并具备北斗特色返向链路服务能力。当船只、航空器、人员遇险时，可通过手动或自动触发搜救信标发出报警信息，报警信息通过北斗卫星上搭载的搜救载荷转发，并被国际搜救地面系统接收处理，报警信息将按照遇险区域和信标国家码将转发至相应的搜救协调中心，最后由搜救协调中心组织救援力量开展救援。如果搜救信标支持北斗返向链路功能，还可以通过北斗返向链路服务向遇险用户发送确认信息，增强遇险人员信心，更好地保障人民生命财产安全。

自北斗国际搜救服务于2020年7月31日开通以来，北斗搜救载荷运行稳定，国际搜救服务和北斗特色返向链路服务运行正常，截至2021年10月共收到1352个信标报警测试信号67085条，并成功应用于2021年9月中国首次海上无脚本搜救演习。

中国科技工作者为非洲海上搜救管理部门提供支持北斗返向链路服务的信标技术解决方案，提高遇险救助成功率。

1.2.3.5　北斗系统在他国国土测绘领域的应用

北斗/GNSS高精度测绘较传统测绘技术更加精确，测绘工作更加简便，受外界干扰影响较小。2021年4月，中国公司在布基纳法索政府利用北斗/GNSS高精度技术为医院建设提供基础测量数据，在6天内完成了地形测量工作，比预定的项目时间至少节省了一半，为快速建成医院，对抗包括COVID-19在内的传染病发挥了重要作用。

中国公司在乌干达全国范围内建成由30座北斗/GNSS基准站组成的地基增强网，提供全天候高精度位置服务，较好地满足了当地国土测绘需求。

2020年8月，中国公司在沙特阿拉伯首都利雅得利用北斗/GNSS高精度定位技术，服务轻轨施工勘测、地形测量和供水系统勘测，极大地提高了作业效率，受到用户高度赞扬和认可。

2020年6月，中国公司将北斗/GNSS高精度定位技术成功应用于黎巴嫩贝鲁特港口码头施工海洋测量项目，对港口及附近的水域进行精确海底地形测量，为实施快速、高效、高精度的海洋测量作业提供了新的技术途径，获得用户的一致好评。

1.2.3.6　北斗系统在国外数字施工领域的应用

在作业机械车辆上安装北斗/GNSS接收机，结合其他传感器组成一体化集成系统，对施工机械进行智能控制和远程监测。该项技术已经在铁路路基、公路施工、水利开挖、大坝填筑、机场建设等基础设施施工中得到广泛应用。

在塞内加尔捷斯图巴高速公路建设中，中国公司运用基于北斗/GNSS高精度定位技术参与路面施工全流程管控，从拌和料运输、沥青摊铺，到路面碾压，进行实时监管和数据回传，有效提高路面施工质量。

1.2.3.7　北斗系统在国外智慧矿区领域的应用

利用北斗/GNSS高精度定位和高精度地图等技术手段，联通车辆终端、手持终端，构建"云-网-端"体系架构的矿山一体化智能监管平台，形成矿山三维实景构建、矿山安全监测、运输车辆调度管理以及矿山资产监控等能力，实现矿产从开采到运输、通关、仓储和销售的全流程时空数据集中监管。

中蒙经济走廊矿山一体化开发项目，为位于蒙古南戈壁省的塔温陶勒盖煤矿，引入北斗短报文和北斗高精度服务的智慧矿区全流程监管解决方案，一期计划安装100套北斗高精度定位设备，提供煤矿开采、蒙古境内公路运输、双边口岸通关、仓储物流、焦煤出口销售等矿山一体化服务。

1.2.3.8 北斗系统在国外公共安全领域的应用

基于北斗/GNSS的可视化指挥调度系统，结合前端北斗智能终端实现统一指挥调度。在发生突发事件时，可以将现场位置以及视频信息在第一时间回传指挥中心，使指挥中心能够及时获得现场信息，提高决策的准确性和及时性，提升精准调度和高效指挥。指挥人员可以在短时间内对突发性危机事件做出快速反应并提供妥善的应对措施预案；同时前端和指挥中心形成多级联动、数据共享，最大程度上减少突发性危机事件带来的影响和损失。

中国科技工作者为非洲公共安全、城市安保等提供基于北斗系统的可视化指挥调度管理系统的解决方案，解决人员精准统一管控和应急指挥调度等需求。

1.2.3.9 北斗系统在国外野生动物保护领域的应用

利用北斗定位＋移动通信技术，开展珍稀野生动物栖息地调查和野生动物的追踪监测等应用。北斗定位标识器可以实时采集动物的位置、生理状态信息（如体温、脉搏）、运动状态等信息，定时回传至处理平台，通过跟踪分析研究野生动物的生活习性等，为野生动物保护和科学研究提供重要支撑。

中国科研工作者为非洲各国野生动物管理部门提供野生动物跟踪、动植物监测、巡护调查等解决方案。

1.2.3.10 北斗系统在国外精准时空智慧城市建设领域的应用

通过统一的时空基准，将现实世界中的各类数据进行汇聚和融合，映射成高精度、实时、动态、全要素的数字孪生世界，驱动大量智能设备感知城市，赋能智慧应用创造和升级，助力城市精细化管理。

以北斗高精度时空共性服务系统为支撑，落地交通运营、安全监测、绿色城管等场景应用，将精准时空能力广泛应用于城市管理，汇聚各类时空相关数据，提升时空数据智能化应用水平。

中国科技工作者为非洲城市建设提供北斗精准时空智慧城市建设整体解决方案。

1.3 卫星导航技术和应用发展趋势

1.3.1 技术体制发展趋势

卫星导航系统当前正经历前所未有的大转变：从单一的GPS时代转变为多星座并存兼容的GNSS新时代，使卫星导航体系全球化和多模化；从以卫星导航应用为主体转变为定位、导航、授时以及移动通信和因特网等信息载体融合的新阶段，使信息融合化和一体化。现有卫星导航系统信号频率分布情况见表1.2。

GNSS信号频率见表1.3，从BDS、GPS、Galileo、GLONASS四大系统的信号频率分布情况可以看出，北斗系统部分信号与其他GNSS有相同的频率，其中北斗B1C、GPS L1、Galileo E1三个信号频率均为1575.42MHz；北斗B2I/B2b、Galileo E5b两个信号频

表 1.2　　　　　　　　　现有卫星导航系统信号频率分布情况

GNSS	BDS	GPS	GLONASS	Galileo	QZSS	IRNSS
轨道	MEO+IGSO+GEO	MEO	MEO	MEO	IGSO,GEO	IGSO,GEO
卫星数量	4+5+5 24+3+3	24	24	30	3, 1	4, 3
服务种类	OS, AS, SBAS, PPP, SMS	SPS, PPS	SPS, PPS	OS, CS, PRS	GCS, GAS, PRS, EWS, MCS	SPS, RS
提供服务时间	2012.12	1993.12	1993.9	2016	2018	2016
覆盖范围	全球	全球	全球	全球	东亚及西太平洋	$-30°<\phi<50°$ $30°<\lambda<130°$

率均为 1207.14MHz；北斗 B2a、GPS L5、Galileo E5a、GLONASS L5 四个信号频率均为 1176.45MHz。这些频率的重叠一方面解决了卫星导航频率资源的紧缺问题，另一方面可以降低 GNSS 接收机的功耗和成本，在信号层面较好地实现了兼容与互操作。为了保证信号可分离，各系统在重叠频率播发的信号采用了不同的信号调制方式或参数。尽管如此，相同中心频率不同系统之间信号的干扰还是不容忽视，因此需要对 GNSS 多系统信号的兼容性进行分析。

表 1.3　　　　　　　　　　　　GNSS 信 号 频 率

GNSS	信号标识	频率/MHz	信号标识	频率/MHz	信号标识	频率/MHz
BDS	B1I	1561.098	B2I/B2b	1207.140	B3I	1268.520
	B1C	1575.420	B2a	1176.450		
GPS	L1	1575.420	L2	1227.600	L5	1176.450
Galileo	E1	1575.420	E5a	1176.450	E6	1278.750
			E5b	1207.140		
			E5AltBOC	1191.795		
GLONASS	L1	(1598.0625-1605.375)±0.511	L2	(1242.9375-1248.625)±0.511	L3	1202.025
	L1OC	1600.995	L2OCp	1248.060	L5	1176.450
	L1OCI	1575.420				

1.3.2　卫星导航应用发展趋势

全球卫星导航系统市场预期保持约 8% 的复合增速，亚太地区为核心市场。卫星导航与位置服务产业是在全球信息技术浪潮中迅速崛起的新兴产业，被誉为继移动通信和互联网之后第三大最具发展潜力的 IT 产业，已经成为世界主要国家抢占新一轮战略制高点的重要突破口。根据欧洲 GNSS 管理局 GSA 发布的《GNSS 市场报告（2019）》，全球 GNSS 市场保持良好增长态势。2019 年全球 GNSS 市场服务总收入达到 1507 亿欧元，该报告预测未来仍将保持稳定增长，预计 2029 年全球 GNSS 市场规模约为 3244 亿欧元，未来产业规模翻倍的主要原因是大众市场的快速发展和中端设备（价值大于 5 欧元、小于 150 欧元）消费增长。

从区域层面看，全球 GNSS 市场具有较强的地域性。美国、欧盟和亚太地区（以日本、中国和韩国为主）合计占有全球超过 90% 的市场份额。其中，美国和欧洲分别占据 28% 和 27% 的份额，亚太地区占据 35% 的份额，表明了亚太地区已成为 GNSS 市场核心。

从应用分类来看，交通和消费解决方案主导全球 GNSS 市场。GNSS 市场分为消费解决方案、交通运输、无人机、民用航空、海事、紧急救援、铁路、农业、地理测绘以及关键基础设施十大类，见表 1.4。欧洲 GNSS 管理局（GSA）预计，2019—2029 年 GNSS 行业累计营收将达到 25250 亿欧元。其中，交通场景占比达到 55%，主要营收来自于车内导航系统和先进的辅助驾驶系统（Advanced Driver Assistance System，ADAS）；为消费者提供解决方案的占比达到 38.3%，其营收大多来自于智能手机和其他终端对基于位置的服务（Location Based Services，LBS）服务所产生的时空位置数据的收费。公路和消费解决方案相比于其他项目主导了 2019—2029 年累计市场产值的 93.3%。除此之外，其余的产值中超过 50% 是来源于农业和地理测绘项目。

表 1.4　　　　　　　　　全球卫星导航市场十大细分领域发展展望

应用领域	说　　明
消费解决方案	可穿戴设备市场正在崛起，而且具有双频和高精度功能的智能手机正日益受到关注，利用硬件作为平台，软件和应用根据大众化市场需求实现位置应用的量身定制，提供了广阔的市场机会
交通运输	随着车联网的发展，车辆正变得更加智能化和自动化，车辆数据尤其是位置信息也将越来越重要，该产业面临着在大众市场引入高端 GNSS 解决方案的需求
无人机	GNSS 是无人机发展的关键驱动力，其可确保消费者和商业应用的安全导航和可靠性。随着行业的成熟，供应链变得越来越专业化，在某些情况下，无人机操作员的角色会被最终用户组织所吸收
民用航空	航空国际民航组织的全球空中导航规则为部署新的业务运营概念和技术提供了路线图，其目的是提高全球空中交通管制效率
海事	海运星基增强系统的使用正成为跨海洋和内陆水域精准定位的主要来源
紧急救援	紧急救援多星座是所有主要信标制造上公认的范例；创新的"返回链路"和"远程激活"等功能正在兴起
铁路	铁路海运正在经历数字化的过程，而 GNSS 是其重要的组成部分；基于 GNSS 的解决方案的信令应用将有助于降低成本并提高性能
农业	GNSS 已成为智能、互联和集成式农场管理解决方案的组成部分，而且是整个农作物周期中精准农业的关键驱动力
地理测绘	由于新型数字数据采集技术、高精度 GNSS 服务、云计算和传感器融合技术的集成融合，传统 GNSS 测量的作用正在发生变化
关键基础设施	关键基础设施时间即服务和创新应用等新兴范例，有望推动 GNSS 关键基础设施细分市场的增长；市场受到增加弹性和提高精度需求以及法规要求刺激而增长

当前是全球卫星导航技术及其应用发展的重要转折点，系统建设发展的历史告一段落，而其产业应用与服务的强势发展期和全盛期欣然到来。GNSS 产业从"GNSS+"时期转折性地发展到"+GNSS"时期，也就是说，GNSS 在一边继续发挥其新兴技术的引领作用的同时，又大踏步地进入与其他技术和产业实现跨界融合的发展新时期，发挥其对于传统产业改造和整合的强大作用，发挥其对于其他众多产业的集成创新与关联带动作

用，成为发展智能产业的核心主线与牵引力和驱动力。

GNSS 目前最为热门和具有良好前景的领域是无人系统，包括无人机、无人舰船、无人驾驶车辆等，其中最为接近市场的典型是无人飞行载体（Unmanned Aerial Vehicle，UAV），而从长远考虑，无人驾驶车辆将更为广泛的应用。无人飞行系统在军事项目中的应用早已司空见惯，但是在民用方面的应用，还是近些年来的事情，特别是在农业飞行植保、飞机喷药、飞机灭林火等领域得到广泛应用。但是无人机实现城市物流配送，进行门到门服务，进入大众消费服务，显然还是存在着许多重大挑战。其中时空信息及其实时动态演变数据是不可或缺的关键要素。这些新兴业务不仅要求精度高，而且对于可靠性和智能化要求程度更高。这里主要涉及 GNSS 在 UAV 应用中的标准、GNSS 接收机的抗干扰技术，与高精度定位的实时动态测量和环境智能化技术。

此外，现在已经进入智能融合发展的自动化时代，其中最为主要的融合是导航与通信的融合，实质上是实现时空信息的智能服务，这是科技发展的重要方向。在当前低轨宽带通信卫星星座满天飞的情况下，大多数只提到导航的增强功能，实际上有数百颗或者几千颗卫星的星座把通信与导航作为一体化载荷加以设计，已经没有任何困难。所以，首先是天基的导航与通信的一体化融合；其次是地基的通信与导航融合，与 5G 的融合是个重大机遇。

新时空是将天基 PNT 推向泛在安全，推向万物互联，推向智能融合，推向共享服务，是北斗/GNSS 升级版，其实现跨越发展的目标是"奔向智能信息产业大发展的新时代"。新时空技术及其服务产业代表的是未来科技和产业的自动化和环境智能化重大发展方向，尤其是环境智能化技术已经成为所有自动化系统与产业发展的关键，还是需要突破的世界性难题，是科技创新发展的重大时代命题。

1.4 北斗产业发展现状及未来

1.4.1 北斗产业总体规模

《2022 中国卫星导航与位置服务产业发展白皮书》中披露，在国家有关政策的推动下，以北斗为核心的我国卫星导航与位置服务产业总体产值在 2021 年达到 4690 亿元，较 2020 年增长 16.29%。其中，包括与卫星导航技术研发和应用直接相关的芯片、器件、算法、软件、导航数据、终端设备、基础设施等在内的产业核心产值同比增长约12.28%，达到 1454 亿元，在总体产值中占比为 31%，增速高于去年。由卫星导航应用和服务所衍生带动形成的关联产值同比增长约 18.2%，达到 3236 亿元，在总体产值中占比达到 69%。当前，我国卫星导航与位置服务领域企事业单位总数量保持在 14000家左右，从业人员数量超过 50 万。截至 2021 年年底，业内相关上市公司（含新三板）总数为 90 家，上市公司涉及卫星导航与位置服务的相关产值约占全国总体产值的 8.7%左右。

在市场发展方面，以北斗为核心的我国卫星导航与位置服务市场需求继续保持稳定增长态势，包括新基建、交通、能源、水利等在内的现代基础设施体系建设对北斗应用的需求持续释放，北斗在智能交通、智慧能源、智慧农业及水利、智能制造等领域的应用所形成的数字化场景，正在不断形成新的细分市场，进一步提升了我国卫星导航与位置服务的总体市场规模。

在现代基础设施体系建设方面，随着"新基建"战略的推动，加速了北斗融入通信、交通、电力、水利等行业的基础设施建设的步伐，大幅提升了高精度位置服务的能力水平，对于未来在相关行业进一步扩大高精度应用市场的总体规模，实现精准时空服务更加泛在化，都将起到十分重要的支撑保障作用。

1.4.2 北斗产业区域和产业链发展

《2022中国卫星导航与位置服务产业发展白皮书》同时还披露，在北斗区域发展方面，具有传统发展优势的京津冀地区、珠三角地区、长三角地区、华中地区、西部地区总体保持稳定增长。2021年，五大区域实现综合产值3535亿元，在全国总体产值中占比高达75.37%。其中，京津冀地区综合产值达到1009亿元，居五大区域发展之首，珠三角地区综合产值达到967亿元，长三角地区综合产值达706亿元，华中地区综合产值达到469亿元，西部地区综合产值达到384亿元。

在产业链方面，国内产业链自主可控、良性发展的内循环生态已基本形成，产业链各环节产值较2020年均有提升。随着"北斗+"和"+北斗"生态范畴的日益扩大，业内外企业对卫星导航器件、终端、软件、数据的采购的进一步增加，产业链上游产值实现437亿元，在总体产值中占比为9.32%，在"新基建"以及交通、能源、水利等基础设施体系建设的带动下，在各类北斗应用数字化场景落地的带动下，终端设备采购和系统集成项目规模显著提高，中游产值实现2035亿元，在总体产值中占比为43.39%。下游运营服务的涨幅趋缓，产值为2218亿元，同比增长18.04%，在总体产值占比为47.29%。

在知识产权专利申请方面，据工业和信息化部电子知识产权中心对中国专利授予机构的著录项目统计，截至2021年12月31日，中国卫星导航专利申请累计总量（包括发明专利和实用新型专利）已突破9.8万件，继续保持全球领先。

1.4.3 北斗未来发展及展望

北斗肩负着提供国家时间空间基准的战略使命，是保卫国家安全和促进国民经济安全与社会发展的国之重器。2021年9月16日，习近平总书记致首届北斗规模应用国际峰会的贺信中指出："当前全球数字化发展日益加快，时空信息、定位导航服务成为重要的新型基础设施。北斗三号系统开通服务以来，北斗系统在全球一半以上国家和地区推广使用，北斗规模应用进入市场化、产业化、国际化发展的关键阶段。"习近平总书记的贺信给时空信息、定位导航服务以全新的定位，纳入国家的新型基础设施，为北斗产业化应用发展指明了新的战略方向。

2021年3月，国家发布的《中华人民共和国国民经济和社会发展第十四个五年规划和2035年远景目标纲要》，把北斗产业化应用，列为七大制造业核心竞争力；要求"突破通信导航一体化融合等技术，建设北斗应用产业创新平台，在通信、金融、能源、民航等行业开展典型示范，推动北斗在车载导航、智能手机、穿戴设备等消费市场规模化应用"，提出"深化北斗系统推广应用，推动北斗产业高质量发展"。

北斗提供的PNT（位置、导航、时间）时空信息是人们生产和生活动中离不开的信息。新型基础设施建设和打造数字经济是当前我国经济发展的重要领域。5G基建、特高压、城际高速铁路和城市轨道交通、新能源汽车充电桩、大数据中心、人工智能、工业互联网等新型基础设施建设的七大领域,都需要北斗提供的时间和空间位置信息,或者需要北斗提供位置感知(P)、导航(N)、时间同步(T)。

数字经济是人类通过大数据(数字化的知识与信息)的识别—选择—过滤—存储—使用、引导、实现资源的快速优化配置与再生,实现经济高质量发展的经济形态。数字经济在技术层面,主要包括大数据、云计算、物联网、区块链、人工智能、5G通信等新兴技术。数字经济在技术层面和应用层面都离不开时间和空间。如果大数据没有时间和空间信息,则无法去识别—选择—过滤—使用,成为垃圾数据。

北斗系统提供的空间和时间基准,也支撑着我们现代国家基础设施安全运行,如电力、交通、通信、网络、物流、医疗、金融行业都需要北斗提供的位置感知(P)、导航(N)、时间同步(T)。

我们可以看到,所有与"智能"有关的高新技术均离不开"时间与空间"。没有时间和空间信息,就不可能出现智能。比如:智能驾驶必须基于精准的位置和时间信息;智能交通的核心是PNT和环境感知(图1.11);现代物流也必须基于高精度位置跟踪和时间同步;智慧农业必须有高精度时空信息支持;无人机编队需要精准的时间和位置;大数据挖掘一定根据"空间维P""时间维T""动态性N"寻找规律,发现线索,提供决策;5G通信需要高精度时间同步;"互联网+"不仅需要网,也需要时空基准统一的PNT信息;智慧城市没有PNT,城市不会有智慧;智慧海洋没有PNT,海洋不会有智慧。

图1.11 北斗应用于智慧交通示意图

北斗可以构建高精度、高可靠、高安全的新一代时空信息技术体系。北斗和5G都具有融网络、融科技、融技术、融终端、融应用的天然优势。北斗与5G融合的同时,也将相互赋能。5G是智能化时代的基础设施,其"极高速率、极大容量、极低时延"的特征,可为满足未来虚拟现实、智能制造、自动驾驶等应用需求提供基础支撑。但要实现这些应用,单凭5G显然孤掌难鸣,需要北斗系统提供的精准位置和时间同步。北斗系统提供全球时间精确同步,可以在广域甚至全球范围内,通过5G将导航、定位、授时这些自然界的生物智能赋给机器和网络环境。北斗与5G相互赋能、彼此增强,可以产生感知、学习、认知、决策、调控五大能力,让广域或全球性分布的物理设备,能在感知的基础上具有计算、通信、远程协同、精准控制和自治等功能。

北斗与5G移动通信、移动互联网、物联网、大数据等技术实现融合创新,加速了5G的应用场景和产业生态建设,推动了我国智能和智慧产业的发展。因此,大力推动北斗融合应用,可以赋能传统产业转型升级,催生新产业、新业态新模式,促进我国经济发展。

我国北斗产业未来发展前景广阔,随着国家北斗战略的进一步实施,北斗规模应用快速进入市场化、产业化、国际化发展新阶段。"北斗+"融合创新和"+北斗"时空应用不断发展,北斗与其他技术相互融合,与各行各业的信息化、智能化系统实现应用融合,在行业领域和大众领域不断催生出新的应用、新的业态和新模式。从而使北斗系统对经济社会发展的辐射带动作用显著增强,应用深度、广度持续拓展,将进一步促进我国经济社会信息化、智能化、智慧化进程。

可以预见,未来两三年,伴随智能交通、智慧能源、智能制造、智慧农业及水利、智慧教育、智慧医疗、智慧文旅、智慧社区、智慧家居和智慧政务等十大数字应用场景的发展,北斗与5G、云计算、区块链等技术的融合创新必将极大赋能传统行业领域,推动数字经济的迅猛发展,从而催生出更广阔的北斗规模化应用服务大市场。同时,也推动我国在2035年前,建成以北斗系统为核心,更加泛在、更加融合、更加智能的国家综合定位导航授时体系,为未来智能化、无人化发展提供核心支撑。届时,从室内到室外、深海到深空,用户均可享受全覆盖、高可靠的导航定位授时服务,北斗系统将更好地服务全球、造福人类。

第 2 章 电力北斗应用技术

2.1 电力北斗高精度导航定位应用技术

2.1.1 电力北斗地基增强应用技术

地基增强系统（GBAS）是基于卫星定位、计算机、网络通信等技术，通过在一定区域布设若干个连续运行基准站（简称基准站），对区域卫星定位误差进行整体建模。地基增强系统通过无线数据通信网络向用户播发定位增强信息，提高用户的定位精度，且定位精度分布均匀、实时性好、可靠性高。电力北斗地基增强系统是以北斗系统为主的地基增强系统在电力行业的应用系统，可向电力终端设备提供实时米级、亚米级、厘米级及事后毫米级服务。

2.1.1.1 电力北斗地基增强系统组成

电力北斗地基增强系统一般由电力北斗基准站网、综合数据处理平台系统、数据通信网络和终端用户四部分组成。

1. 电力北斗基准站网

电力北斗基准站网（简称基准站网）是由若干电力北斗基准站组成。电力北斗基准站由北斗/GNSS接收机设备、气象设备、电源设备、通信设备、计算机等设备以及观测墩、观测室、工作室等基础设施构成，具备长期连续跟踪观测和记录卫星信号的能力，并通过数据通信网络定时或实时将观测数据传输到综合数据处理系统。

2. 综合数据处理平台系统

综合数据处理平台系统由计算机、网络设备、专业软件系统等构成，具备数据管理、数据处理分析及产品服务等功能，用于汇集、存储、处理、分析和分发基准站数据或差分改正数据，形成地基增强数据产品，并开展地基增强服务。

3. 数据通信网络

数据通信网络由公用或专用的通信网络构成，用于实现基准站与综合数据处理平台系统、综合数据处理平台系统与终端用户间数据交换，完成数据传输、数据产品分发等任务。

4. 终端用户

终端用户接收北斗/GNSS的卫星导航定位信号，并通过数据通信网络接收综合数据处理平台系统播发的基准站数据或差分改正数据，实现高精度导航定位功能。

2.1.1.2 电力北斗地基增强系统组网规模

国家电网将加强北斗系统与电网业务深度融合，推动电力北斗地基增强系统基准站建设和应用。在电力北斗精准服务网地基增强系统基础上，已成功应用于输电线路地质灾害监测预警、无人机巡检、杆塔倾斜监测、基建安全管控、配网抢修、车联网等领域，为北斗在新基建上的应用提供有力支撑。

南方电网依托变电站等场所和电力专网光纤资源，结合各区域实际环境，按照统一标准、统一规划、统一设计原则，于2020年12月在广东、广西、云南、贵州、海南等5省（自治区）合计完成了607座北斗基准站建设工作，并按照业务流程将已建基站数据接入地基增强系统，目前南方电网北斗地基增强系统已面向其辖区提供相关地基增强服务。

2.1.1.3 电力北斗地基增强技术

目前电力北斗地基增强系统采用的基础技术是虚拟参考站技术（Virtual Reference Station，VRS）。该技术作为一种成熟的定位方法，得到了广泛的应用。传统的VRS技术采用主动定位方式，即流动站先根据自身的概略坐标向数据处理中心发送请求信息，数据处理中心接收到信息后在其概略坐标处生成一个虚拟参考站，然后再将虚拟观测值发送给流动站用户。数据处理中心需要为每一个连接的用户单独分出一个线程进行独立解算，在用户量较少的情况下数据处理中心能高效地进行数据运算，为用户提供有效的位置服务。用户与数据处理中心之间为双向通信链路，随着用户数据的增多，当同一时间段上线的用户达到一定的数量时，一方面会造成通信信道的拥挤，另一方面数据处理中心的运算量将急剧增加，严重影响数据处理中心的运算速率甚至导致整个数据处理中心数据解算失败，影响用户的作业效率。

为解决传统VRS技术服务于大并发量用户存在的问题，电力北斗地基增强系统使用基于网格的虚拟参考站技术，将电网区域划分成若干网格，并同步生成网格点虚拟观测值播发给用户。系统只需维护网格点的VRS数据，既减少了数据处理中心解算工作量，也解决了传统VRS用户并发量较小的问题。目前国家电网和南方电网的电力北斗地基增强系统可同时处理上千座电力北斗基准站数据（后期可根据实际需求进行扩展），并将格网VRS数据通过互联网国际海运事业无线电技术委员会（Radio Technical Commission for Maritime Services，RTCM）互联网RTCM网络传输协议（Networked Transport of RTCM via Internet Protocol，NTRIP）播发给海量用户，并向海量用户提供实时厘米级的高精度定位服务。具体技术原理如下。

假设安装在基准站i、j上的北斗高精度接收机，同步接收观测卫星S^p、S^q上发射北斗B1、B2双频信号，由此得到的双差载波相位观测方程：

$$\lambda_1 \Delta \nabla \varphi_{1,ij}^{pq} = \Delta \nabla R_{ij}^{pq} - \lambda_1 \Delta \nabla N_{1,ij}^{pq} + \Delta \nabla dR_{ij}^{pq} - \Delta \nabla I_{1,ij}^{pq} + \Delta \nabla T_{ij}^{pq} + \Delta \nabla \varepsilon_{1,ij}^{pq} \quad (2.1)$$

$$\lambda_2 \Delta \nabla \varphi_{2,ij}^{pq} = \Delta \nabla R_{ij}^{pq} - \lambda_2 \Delta \nabla N_{2,ij}^{pq} + \Delta \nabla dR_{ij}^{pq} - \Delta \nabla I_{2,ij}^{pq} + \Delta \nabla T_{ij}^{pq} + \Delta \nabla \varepsilon_{2,ij}^{pq} \quad (2.2)$$

式中：$\Delta \nabla$为双差因子，下标1、2为北斗系统的B1、B2两个频率；φ为以周为单位的载波相位观测值；λ_1、λ_2为对应B1、B2两个频率的载波波长；R为卫星到接收机的几何距离；N为载波整周模糊度；dR为卫星轨道误差；I为电离层延迟误差；T为对流层延迟误差；ε为载波相位观测噪声。

先构建基准站双差宽巷载波观测方程：

$$\Delta\nabla\varphi_{1,-1,ij}^{pq} = \Delta\nabla\varphi_{1,ij}^{pq} - \Delta\nabla\varphi_{2,ij}^{pq} = \left(\frac{1}{\lambda_1} - \frac{1}{\lambda_2}\right) \cdot \Delta\nabla R_{ij}^{pq} - \Delta\nabla N_{1,-1,ij}^{pq} + \sum\varepsilon \tag{2.3}$$

其中，双差宽巷整周模糊度 $\Delta\nabla N_{WL} = \Delta\nabla N_{1,-1,ij}^{pq} = \Delta\nabla N_{1,ij}^{pq} - \Delta\nabla N_{2,ij}^{pq}$

采用三步法确定长基线基准站间双差整周模糊度。

(1) 第一步，确定双差宽巷整周模糊度。

1) 用 Melbourne - Wübbena 组合观测值确定宽巷整周模糊度的初值为

$$\Delta\nabla N_{WL} = \frac{\Delta\nabla\Phi_6}{\lambda_{WL}}, \lambda_{WL} = \lambda_{1,-1} = 0.745\text{m} \tag{2.4}$$

$$\Delta\nabla\Phi_6 = \frac{c}{f_1 - f_2} \cdot (\Delta\nabla\varphi_{1,ij}^{pq} - \Delta\nabla\varphi_{2,ij}^{pq}) - \frac{1}{f_1 + f_2} \cdot (f_1 \cdot \Delta\nabla\rho_{1,ij}^{pq} + f_2 \cdot \Delta\nabla\rho_{2,ij}^{pq}) \tag{2.5}$$

2) 确定宽巷整周模糊度的搜索范围。

利用无电离层组合：

$$\Delta\nabla\varphi_{3,ij}^{pq} = f_1 \cdot \Delta\nabla\varphi_{1,ij}^{pq} - f_2 \cdot \Delta\nabla\varphi_{2,ij}^{pq} \tag{2.6}$$

$$\Delta\nabla P_{3,ij}^{pq} = \frac{1}{f_1^2 - f_2^2} \cdot (f_1^2 \Delta\nabla\rho_{1,ij}^{pq} - f_2^2 \Delta\nabla\rho_{2,ij}^{pq}) \tag{2.7}$$

得到无电离层组合的载波相位整周模糊度为

$$\Delta\nabla N_{3,ij}^{pq} = \frac{1}{\lambda_3} \cdot \Delta\nabla P_{3,ij}^{pq} - \Delta\nabla\varphi_{3,ij}^{pq} \tag{2.8}$$

又由 $\Delta\nabla N_{3,ij}^{pq} = \frac{1}{\lambda_3} \cdot (\Delta\nabla R_{ij}^{pq} + \Delta\nabla T_{ij}^{pq} + \Delta\nabla dR_{ij}^{pq}) - \Delta\nabla\varphi_{3,ij}^{pq}$，用模型计算出 $\Delta\nabla T_{ij}^{0,pq}$ 代替 $\Delta\nabla T_{ij}^{pq}$，并忽略卫星轨道误差 $\Delta\nabla dR_{ij}^{pq}$，计算出精度较高的无电离层组合载波相位整周模糊度 $\Delta\nabla\widetilde{N}_{3,ij}^{pq} = \frac{1}{\lambda_3} \cdot (\Delta\nabla R_{ij}^{pq} + \Delta\nabla T_{ij}^{0,pq}) - \Delta\nabla\varphi_{3,ij}^{pq}$，则宽巷整周模糊度的搜索范围为 $d\Delta\nabla N_{WL,ij}^{pq} = \frac{1}{4}d\Delta\nabla N_{3,ij}^{pq} = |\Delta\nabla N_{3,ij}^{pq} - \Delta\nabla\widetilde{N}_{3,ij}^{pq}|$。

3) 用几何距离反算模糊度，对宽巷整周模糊度进行检查。

$$\Delta\nabla N_{WL,ij}^{pq} = Round\left(\frac{\Delta\nabla R_{ij}^{pq} + \Delta\nabla T_{ij}^{0,pq}}{\lambda_{WL}} - \Delta\nabla\varphi_{WL,ij}^{pq}\right) \tag{2.9}$$

(2) 第二步，确定双差窄巷整周模糊度搜索范围。

$$\Delta\nabla N_{NL,ij}^{pq} = Round\left(\frac{\Delta\nabla R_{ij}^{pq} + \Delta\nabla T_{ij}^{0,pq} - \Delta\nabla I_{WL,ij}^{pq}}{\lambda_{NL}} - \Delta\nabla\varphi_{NL,ij}^{pq}\right) \tag{2.10}$$

$$\Delta\nabla I_{WL,ij}^{pq} = (\Delta\nabla\varphi_{WL,ij}^{pq} + \Delta\nabla N_{WL,ij}^{pq}) \cdot \lambda_{WL} - \Delta\nabla R_{ij}^{pq} - \Delta\nabla T_{ij}^{pq} - \delta - \varepsilon_{\Delta\nabla\varphi_{WL}} \tag{2.11}$$

式中：$\Delta\nabla T_{ij}^{0,pq}$ 为模型计算出的对流层延迟误差。

$\Delta\nabla N_{WL}$ 和 $\Delta\nabla N_{NL}$ 的奇偶性相互对应，即 $\Delta\nabla N_{WL}$ 为奇（偶）数，$\Delta\nabla N_{NL}$ 也为奇（偶）数。求解出窄巷模糊度 $\Delta\nabla N_{NL}^0$ 若与 $\Delta\nabla N_{WL}$ 的奇偶性不对应，则将备选值左右变化一周，即 $\Delta\nabla N_{NL} = \Delta\nabla N_{NL}^0 - 1$ 或 $\Delta\nabla N_{NL} = \Delta\nabla N_{NL}^0 + 1$。

(3) 第三步，确定双差 B1、B2 两个频点的载波相位整周模糊度。

$$\Delta\nabla N_1 = (\Delta\nabla N_{WL} + \Delta\nabla N_{NL})/2 \tag{2.12}$$

$$\Delta\nabla N_2 = \Delta\nabla N_1 - \Delta\nabla N_{WL} \tag{2.13}$$

$$\Delta\nabla \hat{N}_2 = k \cdot \Delta\nabla N_1 + b \tag{2.14}$$

其中

$$k = \frac{\lambda_2}{\lambda_1}, \ b = \left(\frac{\lambda_2}{\lambda_1^2}\right) \cdot l_1 - \left(\frac{l_2}{\lambda_2}\right)$$

$$l_1 = \lambda_1 \cdot \Delta\nabla\varphi_1 - \Delta\nabla R - \Delta\nabla T - \Delta\nabla MP$$

$$l_2 = \lambda_2 \cdot \Delta\nabla\varphi_2 - \Delta\nabla R - \Delta\nabla T - \Delta\nabla MP$$

当 $|\Delta\nabla N_2 - \Delta\nabla \hat{N}_2| < \epsilon$ 满足时，认为模糊度确定正确。

再计算流动站的误差，采用综合误差计算法，把各种误差放在一起，直接根据流动站相对于基准站的坐标内插其误差。对于卫星 S^p、S^q 和基准站 i、j，有综合误差影响：

$$\Delta\nabla m_{ij}^{pq} = \Delta\nabla dR_{ij}^{pq} + \Delta\nabla I_{ij}^{pq} + \Delta\nabla T_{ij}^{pq} + \Delta\nabla MP_{ij}^{pq} + \Delta\nabla \varepsilon_{ij}^{pq} \tag{2.15}$$

则基准站双差观测方程表示为

$$\lambda \cdot \Delta\nabla\varphi_{ij}^{pq} = \Delta\nabla R_{ij}^{pq} - \lambda \cdot \Delta\nabla N_{ij}^{pq} + \Delta\nabla m_{ij}^{pq} \tag{2.16}$$

对于某 Delaunay 三角形得到

$$\Delta\nabla m_{ij}^{pq} = \lambda \cdot \Delta\nabla\varphi_{ij}^{pq} + \lambda \cdot \Delta\nabla N_{ij}^{pq} - \Delta\nabla R_{ij}^{pq} \tag{2.17}$$

$$\Delta\nabla m_{ik}^{pq} = \lambda \cdot \Delta\nabla\varphi_{ik}^{pq} + \lambda \cdot \Delta\nabla N_{ik}^{pq} - \Delta\nabla R_{ik}^{pq} \tag{2.18}$$

当用户处于该 Delaunay 三角形内时，流动站误差内插公式为

$$\Delta\nabla m_{iu}^{pq} = (X_u - X_i \ Y_u - Y_i) \cdot \begin{pmatrix} X_j - X_i & Y_j - Y_i \\ X_k - X_i & Y_k - Y_i \end{pmatrix}^{-1} \cdot \begin{pmatrix} \Delta\nabla m_{ij}^{pq} \\ \Delta\nabla m_{ik}^{pq} \end{pmatrix} \tag{2.19}$$

式中：(X_i, Y_i)，(X_j, Y_j)，(X_k, Y_k) 和 (X_u, Y_u) 分别为基准站 i、j、k 和用户流动站 u 在高斯平面坐标系统中的坐标。

最后确定流动站观测的载波相位双差整周模糊度，并计算流动站高精度定位坐标值。采用分步消元确定整周模糊度，分步是先确定宽巷整周模糊度，再确定 B1 和 B2 的整周模糊度。其优点是可以利用观测值波长长，电离层影响和噪声相对较小，有利于快速确定整周模糊度。消元是先消去坐标未知数，仅留下整周模糊度未知数。通过消去动态定位中时刻变化的坐标参数后，可以利用卡尔曼滤波或序贯最小二乘法来动态确定模糊度参数。具体如下：

（1）第一步，先确定双差宽巷整周模糊度。

1）先确定双差宽巷整周模糊度的初值为 $\Delta\nabla N_{WL} = \Delta\nabla \Phi_6 / \lambda_{WL}$。

2）同时用消元算法消除宽巷观测方程中的坐标参数，得到仅以宽巷模糊度为参数 Y 的观测方程为

$$\begin{bmatrix} \boldsymbol{I} \cdot \boldsymbol{\lambda}_{WL} \\ \widetilde{\boldsymbol{B}} \end{bmatrix} Y = \begin{bmatrix} \boldsymbol{\Phi}_{MW} \\ \boldsymbol{\Phi}_{WL} \end{bmatrix} \tag{2.20}$$

式中：$\boldsymbol{\Phi}_{MW}$ 由 $\Delta\nabla\Phi_6$ 组成；$\boldsymbol{\Phi}_{WL}$ 由 $\Delta\nabla\Phi_{WL}$ 组成；$\widetilde{\boldsymbol{B}}$ 为变换后的宽巷观测值的系数矩阵；$\boldsymbol{I}$ 为单位矩阵。

3）利用式（2.20）在单历元条件下计算双差宽巷模糊度的浮点解。

4）再利用求出的模糊度浮点解及相应的协方差阵，采用最小二乘降相关方法

(Leastsquare AMBiguity Decorrelation Adjustment，LAMBDA）方法就可以搜索出多组模糊度（一般是 3~5 组）及 Ratio 值，目的是比较模糊度备选组的残差平方和（Sum of Squared Residuals，SOSR）。

5）最后确定宽巷整周模糊度。确定成功的判断标准为

$$\begin{cases} Ratio > M \\ V_{WL}^T P V_{WL} = \min \end{cases} \tag{2.21}$$

式中：M 为一个定义的正数；一般为 3.0；V 为残差阵。

（2）第二步，分别确定 B1 和 B2 的双差整周模糊度。

1）利用 $\Delta\nabla N_2 = \Delta\nabla N_1 - \Delta\nabla N_{WL}$，$\Delta\nabla N_{LC} = \Delta\nabla N_1 - \dfrac{f_2}{f_1} \cdot \Delta\nabla N_2$，得到 $\Delta\nabla N_{LC} = \dfrac{f_1 - f_2}{f_1} \cdot \Delta\nabla N_1 + \dfrac{f_2}{f_1} \cdot \Delta\nabla N_{WL}$，代入无电离层组合的载波相位观测方程中，得到关于 $\Delta\nabla N_1$ 的观测方程，同样按照前面介绍的消元法，消去每个历元的坐标参数，只剩下整周模糊度参数 $\Delta\nabla N_1$ 组成的向量 Y，观测方程变为

$$\begin{bmatrix} I \cdot \lambda_1 \\ \hat{B} \end{bmatrix} Y = \begin{bmatrix} \Phi_{WL} \\ \Phi_{LC} \end{bmatrix} \tag{2.22}$$

2）求解单个或多个历元，得到 $\Delta\nabla N_1$ 的浮点解和协因数阵。然后用 LAMBDA 方法搜索出多组模糊度及 Ratio 值，目的是比较模糊度备选组的残差平方和（SOSR）。

3）确定 $\Delta\nabla N_1$ 后，再按 $\Delta\nabla N_2 = \Delta\nabla N_1 - \Delta\nabla N_{WL}$ 计算 $\Delta\nabla N_2$，最后按如下标准确定整周模糊度：

$$\begin{cases} Ratio > M \\ V_{LC}^T P V_{LC} = \min \\ (k \cdot \Delta\nabla N_1 + b) - \Delta\nabla N_2 < \delta \end{cases} \tag{2.23}$$

式中：M 为一个定义的正数，一般为 3.0；V 为残差阵。

（3）第三步，将确定的 B1 和 B2 的双差整周模糊度代入双差载波相位观测方程，计算得到流动站高精度的定位结果。

2.1.2 电力北斗星地基一体化增强应用技术

2.1.2.1 北斗星基增强技术

地基增强的精度虽然很高，但覆盖范围却有一定限制。定位目标必须处在地面通信信号覆盖的范围之内，但在地面通信信号难以覆盖的高空、海上、沙漠和山区，则形成了大范围的高精度定位盲区。为了满足更大范围的高精度定位需求，人们把从基准站获取到的改正参数上传至卫星，再通过卫星向全球播发。这样，用户终端不必再受到地面通信能力的限制，星基增强也是由此而来。

1. 北斗星基增强

北斗星基增强系统（BeiDou Satellite-Based Augmentation System，BDSBAS）是北斗系统的重要组成部分，分别通过北斗三号同步轨道卫星（GEO 卫星）播发 BDSBAS-B1C 和 BDSBAS-B2a 增强信号，向中国及周边地区用户提供符合国际民用航空组织

(International Civil Aviation Organization，ICAO)标准的单频（Single Frequency，SF）服务和双频多星座（Dual Frequency Multiple Constellations，DFMC）服务。

北斗三号系统播发的 SBAS 信息参考和依据了国际民航组织发布的《国际民用航空公约》等文件，坐标基准与美国 GPS 一致，即采用 WGS-84。单频服务网络时 SNT（$SNT=BDS+14s$）与 GPS 时（GPST）的同步精度保持在 50ns 之内。BDSBAS-B1C 信号采用 BPSK（1）调制，电文信息播发符号速率为 500bit/s，信息速率为 250bit/s，即采用 $\frac{1}{2}$ 卷积编码作为前向纠错码（Forward Error Code，FEC），主要面向 GPS 民用航空单频用户播发 GPS 增强改正参数，未来也兼容 GLONASS。BDSBAS-B2a 信号采用 QPSK（10）调制，电文信息播发符号速率同样为 500bit/s，信息速率为 250bit/s，主要面向北斗三号和 GPS 民用航空双频用户播发北斗三号 B1C、B2a 信号和 GPS L1C/A、L5 信号的增强改正参数，未来也兼容 Galileo 和 GLONASS。

在 BDSBAS-B1C 信号播发的电文中电文 1，利用 210bit 来播发 PRN 掩码，PRN 掩码为 0，表示该 PRN 号对应的卫星未被系统监测；PRN 掩码为 1，表示该 PRN 号对应的卫星被系统监测到。210 个 PRN 号分配给了 GPS、GLONASS 和 SBAS 卫星，并做了预留。

电文 2～电文 5，主要用于播发卫星的快变改正数。用户基于电文播发的快变改正数信息 $PRC(t_{of})$，可以推算出当前时刻对应的快变改正数 $PRC(t)$。具体如下：

$$PRC(t) = PRC(t_{of}) + RRC(t_{of}) \times (t - t_{of}) \tag{2.24}$$

其中，快变改正数的参考时刻 t_{of} 是历元 SNT 秒的开始时间，它与 GEO 卫星传送第一个比特信息块的时间相一致。

电文 6，主要用于播发完好性信息，即用户差分距离误差（User Differential Range Error，UDRE）[不包括格网电离层垂直误差（Grid Ionospheric Vertical Error，GIVE）]，通过用户差分距离误差索引（User Differential Range Error Index，UDREI）对应转换得到。

电文 7，主要用于播发与快变改正数相关的降效因子。主要作用是让用户在没有及时收到最新的快变改正数和完好性信息时，仍然可以利用旧的快变改正数和完好性信息对当前精度和完好性进行估计。

电文 9，主要用于播发 GEO 卫星在地心地固坐标系（Earth-Centered Earth-Fixed，ECEF）下的位置、速度和加速度，以及卫星时钟和频率偏移。同时还包括可用时间 t_0 以及表明 GEO 测距信号状况的用户测距精度（User Ranging Accuracy，URA）。

电文 10，主要用于播发降效参数。

电文 12，主要用于播发 BDSBAS SNT 与 UTC 之间的偏差。

电文 17，主要播发 GEO 卫星的历书信息（在 ECEF 坐标系中的位置信息）、健康标识等。

电文 18，主要用于播发电离层格网掩码信息。世界范围内的电离层格网点被分配到 11 个电离层格网带中，其中 0～8 带是墨卡托投影下的竖直带，9～10 是水平带，共计 2192 个格网点，这些格网点的经纬度信息需要预先存储到用户接收机中。格网带中对应电离层格网点的掩码为 1，表明该格网点有效，其对应的电离层延迟信息将在电文 26 中播发；如果电离层格网点掩码为 0，表明该格网点不可用。用户接收机仅使用掩码为 1 的电离层格网点参与计算。

电文 24，主要用于播发快慢变混合改正数信息。

电文 25，主要用于播发与卫星轨道和时钟有关的慢变改正数信息。

电文 26，主要用于播发电离层格网点（Ionospheric Grid Point，IGP）上的电离层垂直延迟和格网电离层垂直误差索引（Grid Ionospheric Vertical Error Index，GIVEI）信息。

2. 北斗精密单点定位

北斗精密单点定位（PPP）技术，是一种非差分的基于载波相位观测的星基高精度定位技术，属于广义 SBAS。它同样通过北斗三号 GEO 卫星播发 PPP-B2b 信号，用户终端通过接收该 PPP-B2b 信号，利用其上搭载发播的北斗三号系统和其他全球卫星导航系统精密轨道和钟差等改正参数信息，并通过载波相位和伪距观测，解载波相位整周模糊度，以及模型参数估计等，计算得到高精度的导航定位结果。

PPP-B2b 信息增强对象：

(1) BDS：PPP-B2b 信息用于改正 B1C 信号的 CNAV1 导航电文。

(2) GPS：PPP-B2b 信息用于改正 LNAV 导航电文。

(3) Galileo：PPP-B2b 信息用于改正 I/NAV 导航电文。

(4) GLONASS：PPP-B2b 信息用于改正 L1OCd 导航电文。

2.1.2.2 电力北斗星基地基一体化增强应用

目前基于电力北斗地基增强系统，高精度定位覆盖范围受限于地面通信信号覆盖的范围，存在高精度定位盲区。同时，电网设施经过的一些地区，地形复杂，对卫星导航信号有遮挡，造成利用电力北斗地基增强系统进行高精度定位服务时共视卫星数较少，用户终端定位解算时不容易进入载波相位整周模糊度解算的固定解，从而影响到定位精度。

解决上述问题的办法是将北斗地基与星基增强技术相结合，在电力北斗地基增强系统服务覆盖不到的区域，通过利用北斗三号卫星系统播发的 SBAS 和 PPP 服务信号，采取 SBAS+RTK 和 PPP+RTK 的定位方式，可以获得高精度的定位结果，达到扩大服务范围的效果，同时，还可以通过电力北斗地基增强系统综合数据处理平台播发北斗三号系统 SBAS 和 PPP 补充完善信息，并与地基增强数据进行融合，实现广域用户米级、分米级以及区域厘米级高精度、高完好性位置服务。

2.2 电力北斗授时应用技术

2.2.1 单向授时应用技术

2.2.1.1 RNSS 单向授时原理

RNSS 单向授时包括自主定位和位置保持两种模式，其中自主定位模式指 GNSS 用户终端接收不少于 4 颗卫星的信号，经过解扩、解调与解算处理获得用户位置和定时信息。位置保持模式指根据已知坐标设置（或自动保持）GNSS 用户终端的位置，从而获得定时信息。

GNSS 导航电文中携带相关的时间信息，通常包括整周计数、周内秒计数、卫星钟与 GNSS 系统时钟差参数、GNSS 系统时间与 UTC 时间同步参数信息。这些信息通过扩频调制，由卫星播发，经过空间传播到达用户终端。GNSS 系统时间为地面控制中心保持的标准时间，用户钟时间为用户钟的钟面时间，两者存在钟差 Δt_U。RNSS 单向授时指用户终端通过接收卫星信号，由用户终端自主计算出本地时间和 GNSS 系统时间之差 Δt_U，并根据 GNSS 系统时间和 UTC 时间差值 Δt_{UTC} 修正本地时间，使本地时间和 UTC 同步。RNSS 单向授时示意如图 2.1 所示。

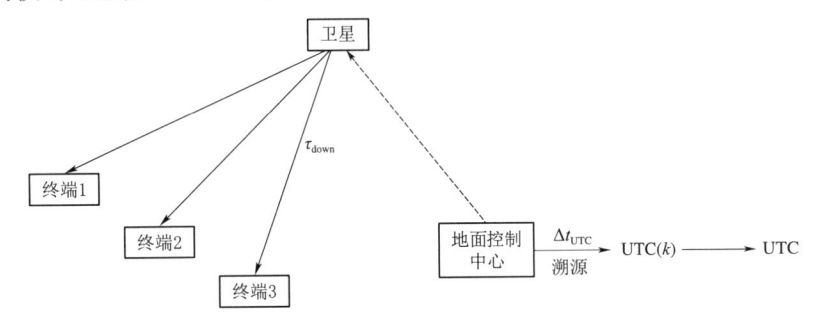

图 2.1 RNSS 单向授时示意图

用户终端得到本地时间与 UTC 时间的差值为

$$\Delta t = \Delta t_U + \Delta t_{UTC}$$
$$\Delta t_U = \tau_{delay} - (\tau_{down} + \tau_{other}) \tag{2.25}$$

式中：τ_{delay} 为星地伪距（时延量），由用户终端测量获得；τ_{down} 为 GNSS 卫星到用户终端的空间几何传播时延；τ_{other} 为其他附加时延，包括对流层、电离层、Sagnac 效应等；Δt_{UTC} 为 GNSS 系统时间和 UTC 时间之差。

1. RNSS 单星授时方法

RNSS 单星授时方法是指在已知授时接收机所处位置坐标的前提下，GNSS 授时接收机通过只接收单颗卫星信号，从而获得卫星时钟和接收机时钟的偏差，最终实现用户授时服务的方法，这种方法机动灵活，不受卫星几何 DOP 的影响，适用于静态用户授时。

由于观测点坐标已知，假设在历元 t 时刻，利用 GNSS 授时接收机在已知坐标的观测点上观测卫星，得到响应的伪距观测方程为

$$\rho = \sqrt{(x-X_s)^2+(y-Y_s)^2+(z-Z_s)^2} - c\delta t^s + c\delta t_u + \delta_{ion} + \delta_{tro} + \delta_{mul} + \varepsilon \tag{2.26}$$

式中：(x, y, z) 和 (X_s, Y_s, Z_s) 分别为接收机和卫星在历元时刻的坐标；δt^s 和 δt_u 分别为卫星钟差和接收机钟差；δ_{ion} 为电离层时延；δ_{tro} 为对流层时延；δ_{mul} 为多径效应产生的时延；ε 为其他未包含的时延；c 为真空的光速。

卫星钟差可以通过导航电文获得，电离层时延和对流层时延可以使用模型进行修正，可由伪距观测值得到授时接收机钟差为

$$\delta t_u = \frac{1}{c}(\rho - \sqrt{(x-X_s)^2+(y-Y_s)^2+(z-Z_s)^2} - \delta_{ion} - \delta_{tro} - \delta_{mul} - \varepsilon) + \delta t^s$$

$$\tag{2.27}$$

由式（2.27）可知，在测站坐标已知的情况下，只需观测一颗卫星即可获得 GNSS 授时接收机钟差，从而实现授时服务，并可看出，GNSS 授时接收机钟差的精度水平主要取决于接收机的伪距测量精度、观测点的位置精度、卫星的星历精度、卫星钟差的精度、对流层时延改正以及电离层时延改正的精度等。

2. RNSS 多星授时方法

多星授时主要用于两种场合：一种是接收机位置已知（静态），另一种是接收机位置未知（动态）。对于前者，利用多星冗余观测，采用平均或加权平均的方法来获得钟差，可提高钟差的精度；对于后者，观测方程中授时接收机坐标为未知量，利用至少 4 颗卫星可以同时获得授时接收机的三维坐标和钟差。

（1）静态多星授时。

一般情况下，可同时观测到的 GNSS 卫星数目不止一颗，在位置已知时可以选择不同的卫星分别定时，充分利用冗余的观测量更好地改善定时精度。对多个单星定时的数据进行简单的平均处理，也可采用加权平均算法实现多个单星定时的数据的融合，进一步提高授时精度和稳定度。

在实际应用中，通常可以观测到多颗卫星。设某一时刻可以观测到 N（$N>1$）颗卫星，该时刻用户时间与 GNSS 系统时间的真实时间差为 δt，每颗卫星的本地时差测量值为 δt_i，测量误差为 ε_i，则有 $\delta t_i = \delta t + \varepsilon_i$。假定测量误差 ε_i 服从均值为 0，方差为 σ_i^2 的高斯分布，且每颗卫星的测量误差相互独立。此时，可以通过测量时差 δt_i 得到真实的时间差 δt 的最大似然估计 $\widehat{\delta t_i}$ 为

$$\widehat{\delta t_i} = \sum_{i=1}^{N} w_i \delta t_i \tag{2.28}$$

通过授时接收机自主完好性监测提供的信息，动态选择各卫星所测时差的权值。由于 N 颗卫星之间相互独立，采用正确的加权算法将获得比任何单颗卫星更精确、稳定的时差。

（2）动态多星授时。

多星授时技术是指授时接收机在接收 4 颗及以上卫星信号的情况下，通过建立伪距方程，解算出授时接收机时钟与系统时间的钟差，对钟差平滑滤波后，根据钟差量对接收机时钟进行修正，产生授时信号。该技术不需用户提供位置坐标，适用于动态、静态用户授时。

当接收机位置未知时，授时接收机需要至少同时观测 4 颗卫星才能获得授时接收机的坐标和钟差，利用这种方法可以同时对授时接收机进行定位和授时，其基本方程式和卫星导航定位公式相同。

2.2.1.2 北斗 RDSS 单向授时原理

北斗卫星无线电测定业务（Radio Determination Satellite Service，RDSS）单向授时用户终端接收北斗地面控制中心出站信号，完成伪距测量，从中获取出站信号发射时刻、相关的时延修正参数和导航卫星的精确坐标参数。用户终端根据中心站的坐标、卫星坐标、电波传播修正参数及事先测定的接收机天线坐标，计算得到出站信号从地面控制中心到用户终端的时延。将接收到的星地伪距（时延量）扣除该时延和接收机通道时延，获得本地

时间与 BDT 的时差进行修正，这样就实现了与地面控制中心的时间同步。根据导航电文播发的北斗系统时间与 UTC 时间偏差，进而实现了用户终端时间与 UTC 时间的同步。

北斗 RDSS 单向授时示意图如图 2.2 所示，北斗 RDSS 单向授时是由卫星转发器转发地面控制中心发送的出站信号给用户终端，即由北斗地面控制中心的主原子钟控制并产生卫星导航信号的频率、编码速率、相位、导航电位，并由地面控制中心上行发送至北斗卫星，北斗卫星将信号下行转发到用户终端，终端输出秒脉冲（Pulse Per Second，PPS）和日期时间（Time of Day，ToD）信息，完成北斗 RDSS 单向授时，精度一般为 100ns。

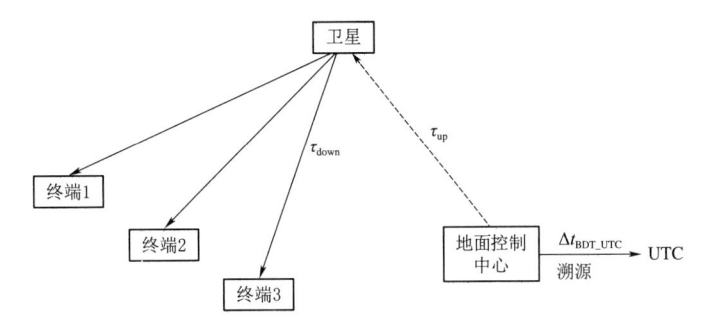

图 2.2 北斗 RDSS 单向授时示意图

北斗 RDSS 单向授时测量原理图如图 2.3 所示，北斗系统时间为地面控制中心产生和保持的标准时间，用户钟时间为用户钟的钟面时间，存在钟差 Δt_U。单向授时就是用户终端通过接收导航电文及相关信息，自主计算出钟差 Δt_U 并修正本地时间，使本地时间和北斗系统时间同步，再结合北斗系统时间与 UTC 的偏差，得到本地时间和 UTC 时间差，完成授时。由图 2.3 的关系得到：

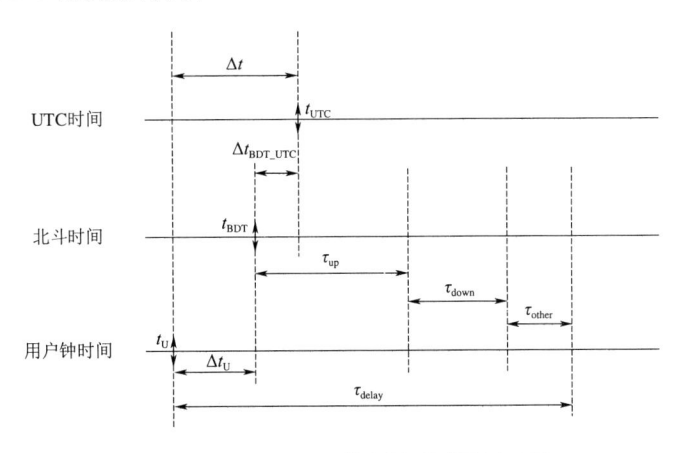

图 2.3 北斗 RDSS 单向授时测量原理图

$$\Delta t = \Delta t_U + \Delta t_{BDT\_UTC}$$
$$\Delta t_U = \tau_{delay} - (\tau_{up} + \tau_{down} + \tau_{other}) \tag{2.29}$$

式中：τ_{delay} 为星地伪距（时延量），由用户终端测量获得；τ_{up} 为地面控制中心到卫星的空间几何传播时延，τ_{down} 为卫星到用户终端的空间几何传播时延；τ_{other} 为其他时延，包括上行和下行的对流层、电离层、Sagnac 效应等产生的时延，以及转发器转发时延；Δt_{BDT_UTC} 为北斗时间和 UTC 时间差值，包括 BDT 相对于 UTC 的累积闰秒修正数、钟差和钟速。

2.2.1.3 电力单向授时应用

电力系统中需要时间同步的设备和系统主要有各级调度机构、发电厂、变电站中的保护和自动化设备等，主要分为三类：第一类为保护设备，主要用于保护变压器、线路、断路器等重要装置；第二类为自动化设备，主要用于提高对设备运行情况的监视、测量、控制和协调水平；第三类为显示时钟、电子挂钟等其他设备。

时间的精确和统一是变电站智能化的最基本要求。只有电力系统中的各种保护和自动化设备（如故障录波器、继电保护装置、RTU 微机监控系统等）采用统一的时间基准，在发生事故时，才能自动地、准确地记录故障前、后过程的各种电气量的变化情况，以及各开关、断路器动作的先后顺序和准确时间，对事故的原因、过程进行准确分析、及时处理。统一精确的时间是保证电力系统安全运行，提高运行水平的一个重要措施。随着智能电网的建设，对时间的精确性、有效性、稳定性、安全性还将提出更高要求。在电力系统中，同步相量测量装置、雷电定位系统、行波故障测量装置等电力设备要求时间同步精度达到 $1\mu s$。

北斗卫星授时设备接收到卫星信号并解算出正确的时间信息后，将标准 PPS 信号通过信号链路传输，能够为授时设备/系统提供精确、标准、安全、可靠和多功能的授时服务。

各级电网的换流站、变电站及发电厂基本都配有时间同步系统。时间同步系统有多种组成方式，其典型形式有基本式、主从式、主备式三种。现阶段，各级电网调度机构、发电厂或变电站的时间同步系统多采用主备式结构，以提高时间同步系统的可靠性。主备式时间同步系统的组成如图 2.4 所示。

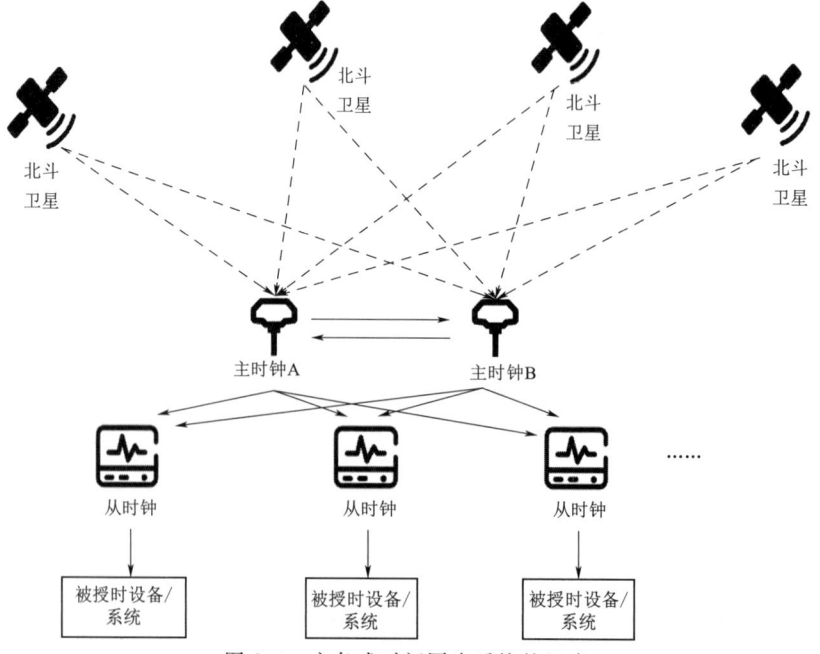

图 2.4 主备式时间同步系统的组成

主备式时间同步系统由两台主时钟、多台从时钟和信号传输介质组成,为被授时设备或系统对时。根据实际需要和技术要求,主时钟可留有接口,用来接收上一级时间同步系统下发的有线时间基准信号。无线时间基准信号以北斗为主。

2.2.2 双向授时应用技术
2.2.2.1 北斗 RDSS 双向授时原理

由于北斗 RDSS 单向授时精度受卫星星历误差、接收终端天线位置误差、大气时延改正残留误差、授时信号发射时刻改正残差等诸多不确定性因素影响,难以准确计算、修正卫星发射天线相位中心到用户终端的发—收单向传播时延,制约了北斗 RDSS 单向授时精度,为了满足更高精度授时用户的需求,可采用 RDSS 双向授时方法,精度一般为 20ns。RDSS 双向授时要求用户终端同时具备接收和应答发射的能力。

北斗双向授时是一种特许用户主动申请授时模式,用户终端与地面控制中心进行交互,向地面控制中心发射定时申请信号,由地面控制中心来计算用户终端的时差,再通过出站信号经卫星转发给用户终端,修正本地时间,使本地时间与 UTC 同步。双向授时的所有信息处理都在地面控制中心进行,用户机只需要把接收的时标信号返回即可。

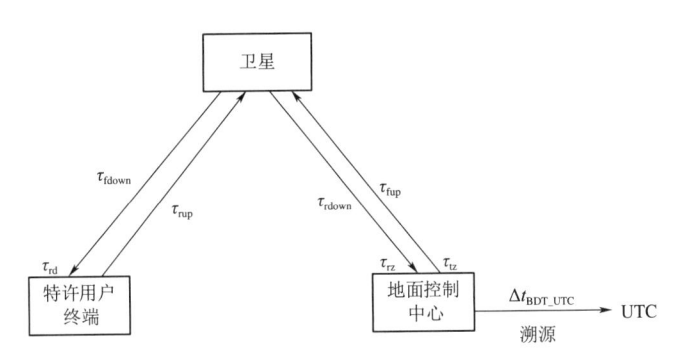

北斗 RDSS 双向授时示意如图 2.5 所示。地面控制中心在 T 时刻发送信标信号,发射零值为 τ_{tz},该时标信号经过两次上行、下行传输后重新回到地面控制中心,地面控制中心将接收时标的时间与发射时刻相差可以得到双向传输时延 τ。假设用户终端转发时延及卫星转发时延均已标定,则信号双向传输时延 τ_{dual}、正向传输时延 τ_f、反向传输时延 τ_r 分别为

图 2.5 北斗 RDSS 双向授时示意图

$$\tau_{dual} = \tau_{fup} + \tau_{fdown} + \tau_{rup} + \tau_{rdown} + \tau_{tz} + \tau_{rz}$$
$$\tau_f = \tau_{fup} + \tau_{fdown} + \tau_{tz}$$
$$\tau_r = \tau_{rup} + \tau_{rz} \tag{2.30}$$

如果卫星位置在信号的双向传输过程中保持不变,则两次上行、下行链路的传输时延相等,则,$\tau_{fdown} = \tau_{rup}$,$\tau_{fup} = \tau_{rdown}$,而实际上,卫星在 $\tau_{fdown} + \tau_{rup}$ 这段时间内会出现较大漂移,根据卫星运动速度,可以算出 $\tau_{fdown} + \tau_{rup}$ 这段时间内卫星的漂移,卫星漂移约为几百米,这将导致正向与反向的空间传输时延不一致,其不一致程度可表示为

$$\tau_{diff} = \tau_{fup} + \tau_{fdown} - \tau_{rup} - \tau_{rdown} \tag{2.31}$$

地面控制中心可以根据广播星历推算出卫星位置,并根据用户位置算出正向和反向的

空间传输时延差 τ_{diff}，因此可以算得信号的正向传输时延为

$$\tau_{\text{f}} = \tau_{\text{fup}} + \tau_{\text{fdown}} + \tau_{\text{tz}} = \frac{\tau_{\text{dual}} + \tau_{\text{tz}} + \tau_{\text{diff}} - \tau_{\text{rz}}}{2} \tag{2.32}$$

地面控制中心将得到的单向传输时延发送给用户终端，用户终端对接收到的时标信号进行处理得到伪距 ρ，包含单向传输时延及钟差，假设用户终端设备时延为 τ_{rd}，则可以根据伪距、信号正向传输时延与用户及设备时延计算出本地钟与地面控制中心系统时间的钟差为

$$\Delta t = \rho + \tau_{\text{f}} + \tau_{\text{rd}} = \rho - \frac{\tau_{\text{dual}} + \tau_{\text{tz}} + \tau_{\text{diff}} - \tau_{\text{rz}}}{2} - \tau_{\text{rd}} \tag{2.33}$$

用户终端根据钟差修正本地时钟，使之与地面控制中心的系统时间同步。用户终端可从导航电文中获得北斗系统时与 UTC 的偏差，修正之后可精确获得本地时间与 UTC 的钟差，时钟修正后，完成北斗 RDSS 双向授时。

2.2.2.2 北斗 RDSS 授时方法

当用户终端需要进行双向授时服务时，响应其中一颗卫星的询问信号，并向响应的卫星发送入站信号，地面控制中心接收并解调用户终端发出的信号，计算出用户终端的定时时延修正值，将其放置在出站信号中，通过卫星转发给用户终端，用户终端按此数据调整本地时钟。有效的时间信号传播路径分两步：第一步，和单向授时相似，地面控制中心通过卫星将授时信号传至用户终端，用户终端接收卫星信号并记录伪距；第二步，用户以自身时钟发射信号，通过卫星转发至地面控制中心，由地面控制中心接收并解算。

双向授时的计算公式可由单向授时推算，对于第一步，有

$$t_{\text{clk}}^{u} = (t_{\text{r}}^{u} - t_{\text{r}}^{c}) - \tau_{\text{up1}} - \tau_{\text{down1}} - \Delta t_{1}^{s} \tag{2.34}$$

对于第二步，有

$$-t_{\text{clk}}^{u} = (t_{\text{r}}^{u} - t_{\text{r}}^{c}) - \tau_{\text{up2}} - \tau_{\text{down2}} - \Delta t_{2}^{s} \tag{2.35}$$

上述两式中，各项含义和单向授时相同，上标 u 表示用户，s 表示卫星，c 表示控制中心；下标 r 表示接收；下标中数字标号 1 表示授时信号传播方向为控制中心经由卫星到用户，标号 2 表示信号传播方向为从用户经由卫星到控制中心；t 表示发射时间。

综上可得，RDSS 双向授时的钟差计算公式为

$$\begin{aligned} t_{\text{clk}}^{u} &= \frac{1}{2}[(t_{\text{r}}^{u} - t_{\text{r}}^{c}) - \tau_{\text{up1}} - \tau_{\text{down1}} - \Delta t_{1}^{s}] - \frac{1}{2}[(t_{\text{r}}^{c} - t_{\text{r}}^{u}) - \tau_{\text{up2}} - \tau_{\text{down2}} - \Delta t_{2}^{s}] \\ &= \frac{1}{2}[(t_{\text{r}}^{u} - t_{\text{r}}^{c}) - (t_{\text{r}}^{c} - t_{\text{r}}^{u})] + \frac{1}{2}[(\tau_{\text{down2}} - \tau_{\text{up1}}) + (\tau_{\text{up2}} - \tau_{\text{down1}})] + \frac{1}{2}(\Delta t_{2}^{s} - \Delta t_{1}^{s}) \end{aligned}$$

$$\tag{2.36}$$

其中，τ_{up2} 和 τ_{down1} 路径相似，τ_{up1} 和 τ_{down2} 路径相似，对路径时延中各项误差项时延进行有效改正后，在根据上式相减，可使得路径时延的误差大幅减小。

2.2.3 北斗卫星共视应用技术

电力系统是一个大跨域复杂的动态系统，其电压、电流、功率、相角、频率等参数都随着时间的变化而变化，因此实时数据的采集、历史数据的记录都必须基于高度精确的时间来实现。

以变电站的母线为例，根据基尔霍夫电流定律，流入母线的电流总和等于流出母线的电流总和。由于流入、流出母线的电流量是动态的（负荷的随机性），因此这个电流等式的各流入、流出的电流量必须是同一时刻的。推而广之，电网基于潮流方程式计算潮流状态所需的电压、电流数据也必须是一个时间断面的数据，否则难以计算出正确的结果，就只能通过状态估计得出接近实际的虚拟潮流状态。另外，在对电网事故分析时，事故的发生及演变，如：开关的动作顺序，电压、电流的波形变化，都需要有统一的时间作为尺度，否则无法对事故的原因做正确的判定。

电力系统有了时间同步的实时数据，并据此形成不断增长的海量历史数据，是电网进行高级应用（如负荷预测、发电计划、电网规划等）以及大数据分析的宝贵"资产"。

目前，电力系统实现时间同步的方法主要是针对调控中心、变电站、集控站、发电厂，部署基于卫星定位导航系统的局部时间同步系统，以实现所辖区域内的计算机设备和二次设备的时间同步，但各区域之间（如调控中心与变电站、调控中心之间、变电站之间）的时间同步只是基于卫星的准同步，即还未实现跨区域的全时间同步。卫星共视授时法是目前建立高精度的全网时间同步的最佳手段之一，利用卫星共视法可以有效地实现各时间同步系统，即调控中心、变电站、集控站、发电厂之间的时间同步。

2.2.3.1 卫星共视授时的基本原理

所谓"卫星共视"（Common View）就是两个不同位置的观测者，在同一时刻观测同一颗卫星，也即在一颗卫星的视角内，地球上任何两个地点的时钟可以利用同时收到的同一颗卫星的时间信号进行时间、频率对比和同步。

设 A 地的时钟时间为 t_A，B 地的时钟时间为 t_B，卫星时间为 t_{SV}，A、B 两地与卫星的时间差即星地钟差分别表示为

$$\Delta t_{ASV} = t_A - t_{SV} - d_A \tag{2.37}$$

$$\Delta t_{BSV} = t_B - t_{SV} - d_B \tag{2.38}$$

式中：d_A 和 d_B 为路径延时。

A、B 两地的数据通过通信网传递给对方，然后进行共视对比后，两个差值相减可得两台时钟之间的时间差为

$$\Delta t_{AB} = \Delta t_{ASV} - \Delta t_{BSV} = (t_A - t_B) - (d_A - d_B) \tag{2.39}$$

从式（2.39）可以看出，卫星共视技术消除了卫星时钟的误差，同时也大大降低路径延时计算所带来的误差，从而提高了两地相对钟差的精度，达到高精度时间对比和同步的目的。

设 i 时刻和 $i+\tau$ 时刻得到的钟差数据分别为 $\Delta t_{AB}(i)$ 和 $\Delta t_{AB}(i+\tau)$，由此可算出这段时间两台时钟的平均相对频率差为

$$\frac{\Delta f}{f} = \frac{\Delta t_{AB}(i+\tau) - \Delta t_{AB}(i)}{\tau} \tag{2.40}$$

式中：$\frac{\Delta f}{f}$ 表示相对频偏；τ 为校频的时间间隔。

假设 A 为主站、B 为子站，通过式（2.40）得出的频率差调整子站的铷钟（频标源）的频率，使得与主站的频率差小于某一阈值，同时调整子站的秒沿起点，最终使子站时间

溯源到主站，实现两站的时间同步。卫星共视时间传递与比对不确定度为3～10ns。

北斗卫星共视授时系统原理示意如图2.6所示。在主站和子站分别设置卫星共视授时装置，卫星共视授时装置由北斗接收模块、频标驯服、本地时钟和共视数据处理等四个部分组成。

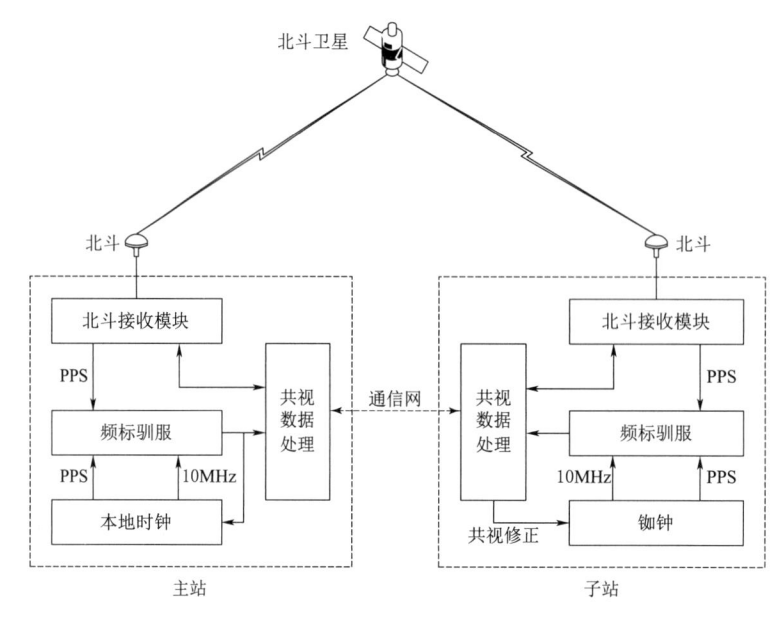

图 2.6 北斗卫星共视授时系统原理示意图

子站与主站采用共视法实现时间同步的过程如下：

（1）主站、子站分别通过北斗接收模块获取北斗卫星导航电文，通过解析导航电文及相关信息，测量伪距，提取PPS秒信号。

（2）主站、子站的频标驯服模块以北斗秒脉冲为开门信号，本地时钟模块的秒脉冲为关门信号，测量两个秒脉冲之间的时间与频率偏差数据，且每秒输出一个时差值。为了降低测量误差，可开设一时间窗求取平均值，以此差值驯服本地时钟的频标。

（3）主站、子站的共视数据处理模块接收北斗接收模块送来的共视计算所需的相关数据，以及频率驯服部分送来的本地时钟和北斗接收部分时钟的钟差。通过这些数据，计算出本地时钟模块与每颗本地可视北斗卫星的星地钟差。在一个共视周期内，通过最小二乘数字滤波算法计算出每颗可视北斗卫星的星地钟差的中位值和斜率，从而形成共视数据。

（4）主站在每个共视周期差通过通信网络传送结束后向子站发送共视数据。

（5）子站根据自身的可视北斗卫星与主站的可视北斗卫星做匹配，得出各可视北斗卫星。

（6）子站计算出与主站的各可视北斗卫星的星地钟差的差值，对这些差值做算术平均，得出子站与主站的钟差，据此调整子站的本地时钟模块的时间，并将调节结果上送主站。

本地时钟模块由高精度振荡器及其辅助电路构成，可以根据共视精度要求选择铯钟、铷钟或高稳晶振。一般的，主站多选择铯钟或铷钟作为本地高精度振荡器，子站多选择铷钟或双槽恒温晶体作为本地高精度振荡器。

主站侧本地时钟的时间源来自北斗卫星，子站在初始建立时钟时其铷钟时间来源于北斗卫星，在后续共视同步过程中时由计算出的子站与主站的钟差对本地时钟模块做修正。

主站卫星共视数据通信协议、子站卫星共视数据通信协议以及卫星共视时间同步装置的管理信息应遵照 DL/T 1100.7—2021《电力系统时间同步系统 第 7 部分：基于卫星共视的时间同步技术》。

基于卫星共视原理可以实现一主多从的时间同步网。以省时间同步网为例，如图 2.7 所示。在省调部署卫星共视授时装置作为共视主站，通过光纤 B 码向其时间同步系统授时；在各地调、变电站、集控站、发电厂部署的卫星共视授时装置作为子站，通过光纤 B 码向其时间同步系统授时；各子站与主站的卫星共视授时装置通过电力调度通信网连接，实现主站与各子站间共视数据的交互。

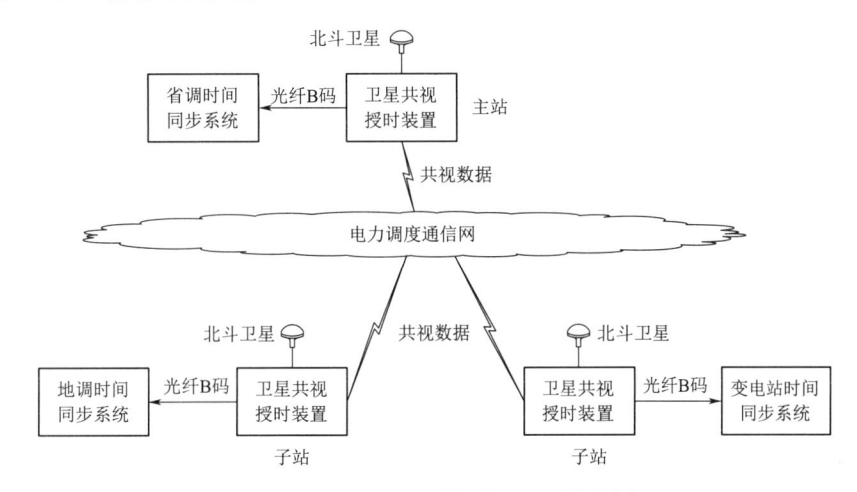

图 2.7 基于北斗卫星共视的天基时间同步网

主站向子站发送的下行共视数据包括主站北斗可视卫星的星地钟差数据，子站向主站发送的上行共视数据包括子站与主站的钟差数据，主站可以实时监测各子站与主站的钟差。

通过北斗卫星共视，各省属地调、变电站、集控站、发电厂的时间同步系统的时钟溯源（同步）于省调时钟，由此建立基于北斗卫星共视的天基时间同步网。

采用卫星共视原理实现时间同步特别适用于不同区域的个别变电站、发电厂与省调时钟同步，即实现各孤立节点的时间同步。比如，在广域测量系统（Wide Area Measurement System，WAMS）中，所涉及的各变电站、发电厂的相量测量装置（Phasor Measurement Unit，PMU）的时间同步，通过卫星共视的手段最便捷。也就是说，在特高压互联的坚强电网中，卫星共视是目前最理想的实现跨地域的时间同步的方法。

2.2.3.2　卫星共视授时应用

一般的卫星共视装置可采用卫星共视授时模式、卫星单向授时模式和内部守时授时模式三种授时模式。三种授时模式中卫星共视授时精度最高，其次卫星单向授时，最后内部守时授时。三种授时模式可以根据工作条件自适应切换。

卫星共视授时精度优于 10ns。时间同步装置的守时能力取决于装置内的本地竞争的性能，卫星共视授时装置一般要求守时精度优于 50ns/h。

2.2.4 北斗卫星授时防欺骗技术

2.2.4.1 卫星授时欺骗与防欺骗技术现状

欺骗是利用 GNSS 民用信号的公开透明性和可预测性，产生载波频率、码片速率、信息速率、扩频码、调制方式、电文格式等与导航卫星信号高度相似的信号，卫星授时接收机被欺骗（即利用欺骗信号授时）后，将在不发出任何异常告警的情况下，输出误差很大甚至是错误的时间信息。2015 年 11 月，360 独角兽团队（Unicorn Team）宣称只需要几百美元成本的硬件，即可欺骗 GPS、北斗等卫星导航系统接收机，并在世界黑客大会公开演示其欺骗攻击效果。2016 年 12 月，在南京公开举行的"卫星导航信息安全技术联合试验及专题研讨会"上，现场演示了卫星授时欺骗实验，无防欺骗能力的卫星接收机输出的秒脉冲在被欺骗攻击 5min 后，偏移了 13μs，被攻击 1h 后，偏移了 12ms。电力时间同步系统是电力系统安全稳定生产的基础支撑系统，北斗时间是电力时间同步系统的主溯源，因此采取北斗卫星授时防欺骗措施对保障电力系统安全稳定运行具有重要意义。

随着导航卫星授时在世界各国电力、通信、交通、金融等国家主要基础设施中的广泛应用，卫星授时安全性也随之得到学术界、政府部门和产业界的高度关注。美国国土安全部（Department of Homeland Security，DHS）2012 年完成在国家基础设施中使用 GPS 信号风险进行评估年完成评估，并形成两百多页的报告 "National Risk Estimate：Risk to U.S. Critical Infrastructure from Global Positioning System Disruptions"。该报告被严格控制在美国联邦政府内部使用，具体内容外界知之甚少。2012 年 9 月，美国 Texas 大学 Austin 分校 Humphreys 博士的研究团队发表针对电网广域测量系统（WAMS）卫星授时设备攻击实验的论文。2013 年 2 月，Humphreys 博士在世界无线电通信解决方案联盟 ATIS 会议发表针对移动通信 CDMA2000 基站和金融系统卫星授时设备的欺骗干扰风险评估报告，指出当前关于时间同步安全的一些误解，认为只要利用驯服过的恒温晶振或原子钟的时钟变化率即可识别欺骗干扰攻击，其实欺骗干扰源的时间拉偏牵引速率可以做到低于恒温晶振或原子钟的时钟漂移速率，那么授时设备就无法识别。2013 年 2 月，美国总统奥巴马在国情咨文中阐述了对国家基础设施的卫星导航授时服务担忧，并以总统政策令的方式要求改进基础设施的安全及弹性，以联邦备忘录的形式发布了 13636 号行政命令，阐述了保护国家基础设施及改进赛博安全的任务。2014 年 6 月，美国 DHS 的科学与技术委员会弹性系统项目负责人 Sarah Mahmood，考虑要求国家基础设施的卫星导航设备需加入抗欺骗和压制干扰技术。2014 年 10 月，美国国土安全部国家基础设备保护办公室官员在 CSCC 会议上发表关于美国当前基站主用授时设备的欺骗和压制干扰试验结果报告，指明当时无抗欺骗措施的授时设备全部被欺骗，输出错误的时间。2016 年 2 月，美国著名的科技专栏编辑 Dee Ann Divis 在 Inside GNSS 上发文，披露了 2012 年 DHS 评估报告的部分内容。Dee Ann Divis 在文中披露了 DHS 进行风险评估的 8 个试验场景，在 8 个试验场景中，4 个模拟干扰（interference & jamming），3 个模拟欺骗（spoofing），1 个模拟自然影响（natural disruption，如太阳耀斑、地球磁暴等）。文中同时还指出，卫星导航接收机受到干扰的可能性比受到欺骗的可能性更大，但欺骗产生的后果比干扰更为严重。

2.2.4.2 欺骗信号来源及分类

欺骗信号都是通过人造装置产生的，根据产生欺骗信号方法的不同，可以把欺骗信号分成转发式欺骗信号、生成式欺骗信号和入侵式欺骗信号三大类。转发式欺骗信号（repeater spoofing signals）是将正常环境下接收到的导航卫星信号进行延时、放大而产生的欺骗信号；生成式欺骗信号（generated spoofing signals）是利用卫星导航信号模拟装置产生的欺骗信号，该欺骗信号可以与当前接收到的导航卫星信号有关联关系，也可以无关联关系；入侵式欺骗信号（intrusion-generated spoofing signals）是一种特殊样式的生成式欺骗信号。该欺骗信号在开始施放时与当前接收到的各导航卫星信号在时间上同步，功率略大于导航卫星信号，所模拟的卫星运行轨道与导航卫星轨道相同，能直接被目标卫星授时接收机接收。当被目标卫星授时接收机接收后，再使码片速率和载波频率产生偏移，或改变电文参数，进而使目标卫星授时接收机输出的时间和（或）位置产生偏差。不同欺骗信号不仅产生方法不同，通常情况下其欺骗效果也有所不同，具体见表2.1。

表2.1 不同欺骗信号欺骗效果

欺骗信号	转发式欺骗信号	生成式欺骗信号	入侵式欺骗信号
错误模式	位置和时间同时错	1. 位置和时间同时错； 2. 位置正确仅时间错； 3. 时间正确仅位置错	1. 位置和时间同时错； 2. 位置正确仅时间错； 3. 时间正确仅位置错
时间错误幅度	一般不超过数十微秒	数十纳秒至年月日时分秒错误	数十纳秒至年月日时分秒错误

为到达对具有守时功能的时间同步设备有效欺骗，通常在实施欺骗之前，先发射干扰信号压制真实导航卫星信号，迫使时间同步设备进入守时状态，在时间同步设备守时一段时间（比如几个小时）后，再发射欺骗信号。因真实导航卫星信号被干扰压制，当时间同步设备无防欺骗能力时，接收到欺骗信号后，很容易利用欺骗信号授时并进入跟踪模式，输出错误的时间信号。

欺骗信号不仅可能来自于敌对势力、恐怖组织的恶意欺骗攻击。为反恐而安装的反无人机设备对时间同步设备来说，也是一种欺骗源。公安部于2021年4月25日，就电力系统治安反恐防范要求发布了6个国家公共安全行业标准（标准号GA 1800.1-2021~GA 1800.6-2021），对电网企业、火力发电企业、水力发电企业、风力发电企业、太阳能发电企业、核能发电企业的治安反恐提出了要求。在标准中明确要求各企业安装"反无人机主动防御系统"，并且"系统应用应有措施，不得对电力授时产生影响"。反无人机主动防御系统诱骗无人机实施方法示意如图2.8所示。

假设要保护的目的位置为(X_0, Y_0, Z_0)，在目标位置处安装诱骗装置，当检测到有无人机靠近时，诱骗装置发射携带位置为(X_0, Y_0, Z_0)的卫星导航信号（诱骗信号），这样在诱骗信号作用范围内（视功率大小，半径数百米到数十千米）的任意位置，如图2.8中的A、B、C三点，其定位得到的位置都是(X_0, Y_0, Z_0)，这样对自动导航的无人机而言，在远离目标的地方，因其定位位置已经到达目标而不继续往前飞，进而达到阻止无人机飞到保护目标的目的。

反无人机主动防御系统发射的诱骗信号到达附近的时间同步装置时，因诱骗信号功率

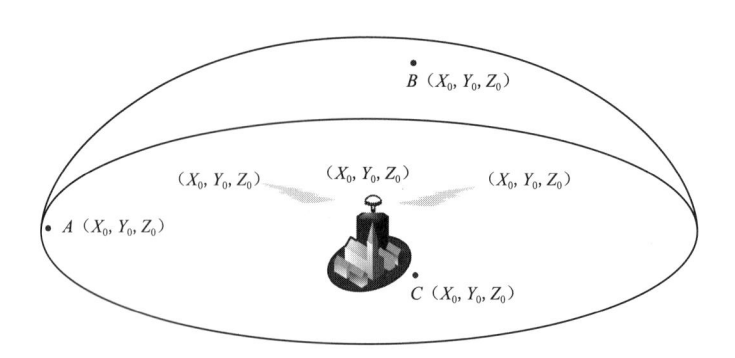

图 2.8 反无人机主动防御系统诱骗无人机实施方法示意图

强于真实导航卫星信号功率，很容易被无防欺骗能力的时间同步装置接收并用于授时。如果时间同步装置利用诱骗信号授时，不仅会引起程度不同的时间偏差，而且会严重恶化时间同步装置驯服内部恒温晶振的性能，进而严重恶化守时性能。所以在 GA 1800 系列标准中，明确规定了"系统应用应有措施，不得对电力授时产生影响"。

2.2.4.3 防欺骗技术原理

时间同步设备会被欺骗的根源，是其内部卫星授时模块无防欺骗能力，不对接收信号进行充分的识别处理，直接将接收信号用于授时，这样接收并使用与真实导航卫星信号高度相似的欺骗信号进行授时，必然输出错误的时间信息。

如果能对接收信号进行识别，不使用欺骗信号授时，是否就能保证时间同步设备不被欺骗呢？答案是肯定的。因为真实导航卫星信号其本质是携带卫星运动的空间轨道和基于星载原子钟组和导航系统主控站产生的时间信息，卫星绕地球运动的轨迹可精确预测，星载原子钟组的时间单向、连续、均匀流逝。导航卫星发射信号传播到接收机时产生的多普勒频移、到达接收机的角度、传播时延等都具有很强的规律且可精确测量，简单的单频接收机对多普勒频移的识别精度就可达到 10^{-11} 量级，对传播时延的识别精度也可以达到纳秒量级。接收机如果在接收信号后，对接收信号是否满足这些物理规律进行识别，只用真实信号授时，即可达到仿欺骗的目的。

在工程实现上，有许多识别欺骗信号的措施，比如：

(1) 信号唯一性识别。一颗导航卫星只发射一个信号，如果接收到多个来自于同一颗导航卫星的信号，则可以判断存在欺骗信号。

(2) 卫星运动轨迹识别。根据导航卫星发射信号中的星历参数，可以计算出卫星在任意时刻的空间位置，且星历参数定期更新。正常情况下，利用星历更新前后两组不同的星历参数，可以计算出两个卫星在同一时刻的空间位置，这两个位置间的距离差应该在合理范围内（数米），如果距离差远大于合理范围，则可判断该卫星信号为欺骗信号。

(3) 卫星时间连续性识别。根据导航卫星发射信号中的星历参数，可以计算出卫星原子钟频率和时间的变化。如果利用星历更新前后两组不同的星历参数，计算出卫星原子钟频率和时间发生远大于合理变化范围的变化，则可判断该卫星信号为欺骗信号。

(4) 接收功率识别。导航卫星发射的信号到达地面被接收机接收时，考虑卫星天线和地面接收机天线在不同方向增益的差异，以及卫星到接收机距离的不同，其接收功率不会超过合理的上限。如果接收到功率远超合理上限的卫星信号，则可判断该信号为欺骗信号。

（5）定位及测速结果分析。时间同步装置所用卫星信号接收天线安装位置固定不变，受噪声及测量误差等因素的影响，利用真实导航卫星信号实时定位及测速时，其定位结果基本分布在一个长轴有限（典型值 10m 左右）的椭球内。另外实时定位得到的运动速度也很低，运动方向基本上在各方向均匀分布。如果定位及测速结果明显偏离接收真实卫星信号定位及测速的特征，也可判断存在欺骗信号。

总之，欺骗信号为到达欺骗的目的，必然会一个或多个维度偏离真实信号特征，如果接收机通过多种方法，从多个维度对接收信号进行检测，即可以识别欺骗信号。

2.2.4.4 电力系统时间同步系统防欺骗工程实施方案

为达到防欺骗的目的，可以采取两种措施。一是时间同步装置内部安装防欺骗卫星授时模块；二是采取外接欺骗信号隔离装置，阻止欺骗信号进入无防欺骗能力的时间同步装置。

使用防欺骗能力足够强的卫星授时模块，可以从根本上解决时间同步装置的防欺骗问题，这种措施尤其适用于新增加的时间同步装置。对已经安装使用的时间同步装置，即存量设备，加装防欺骗卫星授时模块可能比较困难，这时可以考虑采用加装欺骗信号隔离装置的方法。

加装欺骗信号隔离装置，不改变已有时间同步装置及其接收天线、馈线的安装位置和使用方法，也不改变时间同步装置运行管理及维护流程和模式，对存量和新增时间同步装置都适用。单时钟时间同步系统中，欺骗信号隔离装置接入方式示意如图 2.9 所示。

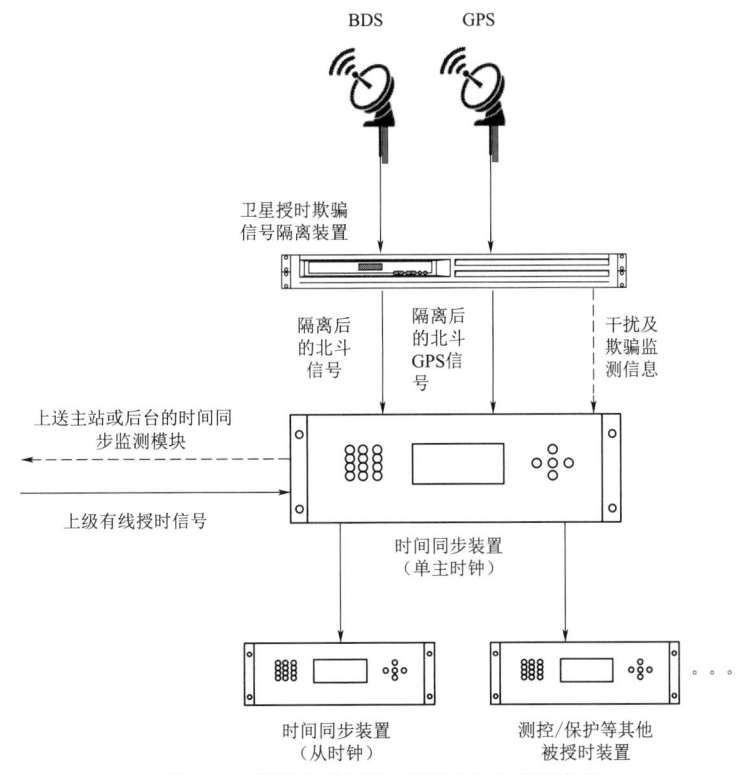

图 2.9 欺骗信号隔离装置接入方式示意图

一种"开关式"欺骗信号隔离装置内部组成如图 2.10 所示。

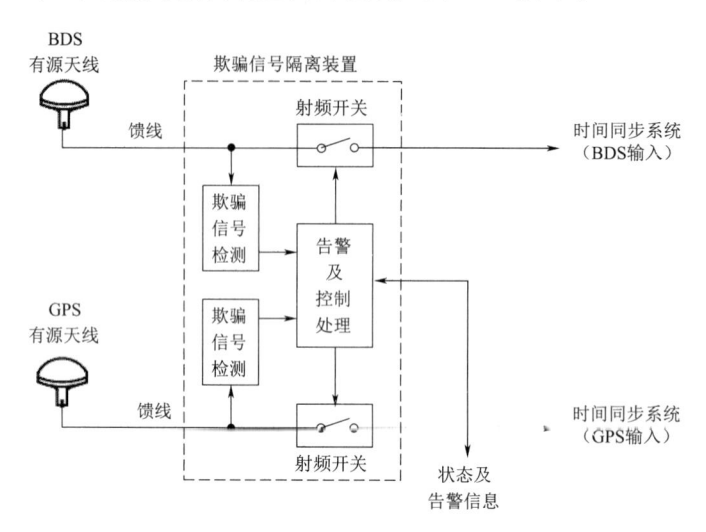

图 2.10 "开关式"欺骗信号隔离装置内部组成图

欺骗信号隔离装置持续接收信号并实时检测接收信号中是否存在欺骗信号,当检测到接收信号中存在欺骗信号时,隔离装置关断内部射频开关,阻止欺骗信号输入到后续时间同步装置,时间同步装置因接收信号中断而自动进入守时状态。因隔离装置通过关断射频开关阻止欺骗信号进入时间同步装置,这种隔离装置也可称为"开关式"欺骗信号隔离装置,其主要功能如下:

(1) 欺骗信号隔离及欺骗告警功能:能实时检测接收信号中是否存在欺骗信号,当存在欺骗信号时,关闭输出信号以实现欺骗信号隔离,同时发出欺骗告警。

(2) 干扰检测及告警功能:能实时检测接收信号中是否存在干扰,当干扰功率达到一定强度后发出干扰预计或干扰告警。

(3) 馈线状态检测及告警功能:能实时检测馈线是否存在开路、短路及损耗过大等异常情况,存在上述情况时发出告警。

(4) 馈线短路保护功能:当馈线长期处于短路状态时,不损坏设备内部器件,当馈线恢复正常状态后自动恢复供电。

(5) 退出无碍功能:装置失电或故障时,射频开关接通,能持续输出卫星信号。

欺骗信号隔离装置主要技术指标见表 2.2。

表 2.2　　　　　　　　　欺骗信号隔离装置主要技术指标

参　　数	指　　标
接收信号	BDS/B1、GPS/L1、C/A 码
射频通道增益	2～6dB
增益带内波动	≤3dB
噪声系数	≤5dB
带外抑制	≥37dB
输出 1dB 压缩点	≥-10dBm

续表

参　　数	指　　标
射频通道间隔离度	≥70dB
射频信号通断比	≥70dB
干扰告警性能	干扰超过底噪声10～18dB时发出干扰预警，干扰超过底噪声20dB时发出干扰告警
防欺骗性能	能防转发式、生成式和入侵式欺骗信号
处理信号路数	2路（2路输入，2路输出，BDS和GPS各1路）
机箱尺寸	1U高19英寸机箱
供电	AC 220V/DC 220V/DC 110V 双电源供电
功耗	≤25W

另一种"替代式"欺骗信号隔离装置内部组成如图2.11所示。

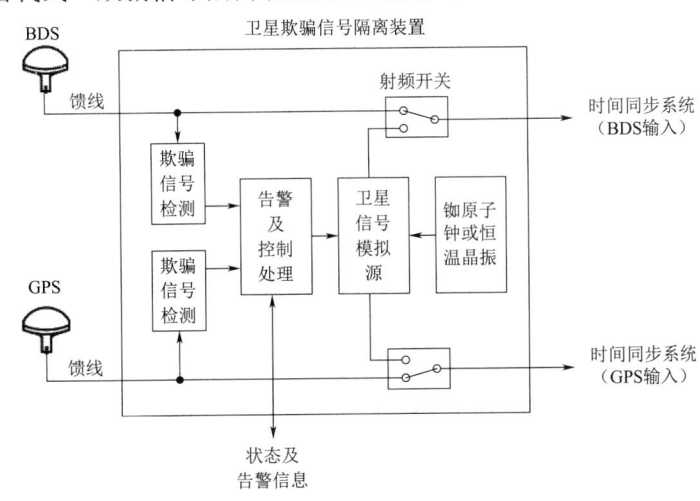

图2.11　"替代式"欺骗信号隔离装置内部组成图

这种欺骗信号隔离装置持续接收信号，并实时检测接收信号中是否存在欺骗信号，当检测到接收信号中存在欺骗信号时，隔离装置切换内部射频开关，将内部卫星信号模拟源产生的信号输入到后续时间同步装置，时间同步装置接收隔离装置输出信号继续处于卫星授时状态。因隔离装置用自己产生的信号替代了导航卫星信号，这种隔离装置也可称为"替代式"欺骗信号隔离装置。

使用"替代式"欺骗信号隔离装置时，在存在欺骗信号期间，时间同步装置内的卫星授时模块利用隔离装置输出的信号继续授时，从表面上看，这种方法比"开关式"隔离装置更能保障时间同步设备持续工作，其实在电力系统中，时间同步装置都具有较好的守时性能，"替代式"方法反而存在以下三方面的风险：

（1）导致时间同步装置输出时间存在不可预测的偏差。隔离装置输出其内部卫星信号模拟源产生的卫星信号时（有的地方也称为"安全信号"），其输出信号的时间精度实际取决于内部铷原子钟或恒温晶振守时精度。尽管时间同步装置没有因守时而发出告警，但其输出时间实际已经产生偏差，并且该偏差随着时间推移不断加大。

（2）会严重恶化时间同步装置守时性能。与接收反无人机系统发射的诱骗信号一样，因隔离装置内部铷原子钟或恒温晶振的频率准确度比卫星导航系统的频率准确度低 3~6 个数量级，时间同步装置利用隔离装置产生的信号授时及驯服内部恒温晶振时，可能严重恶化其守时性能。

（3）存在安全隐患。导航卫星的生产制造商都具有非常雄厚的技术实力，导航卫星的硬件和软件都有很高的可靠性，卫星导航系统有庞大的地面运控系统时刻监视卫星发射信号的质量，所以用户可以相信导航卫星发射的信号是安全可信的。但隔离装置生产厂家的技术实力很难达到导航卫星生产厂家的水平，隔离装置研发、生产、测试也很难达到导航卫星的水平。在出现隔离装置出现硬件或软件故障，或受到攻击时，很难保证其输出信号不会出现问题，进而使时间同步装置输出错误时间，引发严重后果。

两种欺骗信号隔离装置性能对比见表 2.3。

表 2.3 两种欺骗信号隔离装置性能对比表

隔 离 装 置	开关式	替代式	隔 离 装 置	开关式	替代式
引起时间同步装置时间偏差	不会	会	安全隐患	无	有
恶化时间同步装置守时性能	不会	会	成本	适中	高

使用"开关式"隔离装置时，时间同步装置要么利用真实的导航卫星信号授时及驯服恒温晶振，要么因信号中断自动进入守时，既不会引起时间同步装置出现时间偏差，也不会恶化时间同步装置守时性能，尤其是不会带来额外的安全隐患。在成本上，"开关式"隔离装置也比"替代式"隔离装置更具优势。

电力系统对时间同步的安全性高度重视，在全国率先制订了关于卫星授时防欺骗和抗干扰的行业标准 DL/T 1100.5—2019《电力系统的时间同步系统 第 5 部分：防欺骗和抗干扰技术要求》。在该标准的引领下，国网电力科学研究院有限公司实验验证中心建立了完整的测试系统，具备了检测认证条件。众多厂家也在欺骗信号隔离装置、防欺骗卫星授时模块、防欺骗时间同步装置研发上取得了可喜进展。

2.3 电力北斗短报文通信应用技术

2.3.1 北斗短报文通信应用技术

北斗三号系统对短报文通信功能进行了加强，且实现了全球服务。在服务区域扩展的同时，原北斗二号系统短报文通信服务区域，服务性能得到了大幅提升，并称为区域短报文通信服务，北斗三号系统区域短报文通信服务性能指标见表 2.4。

表 2.4 北斗三号系统区域短报文通信服务性能指标

性能特征	性能指标	约 束 条 件
服务成功率	不小于 95%	用户具备发射 L 波段信号的能力；室外空旷地带相对于 GEO 卫星无遮挡，截止高度角 10°；S2C 信号用户最小功率为 −157.6dBW；用户实际服务频度、单次报文最大长度根据注册参数约束；服务时延为出站链路非拥堵条件下的指标；若用户相对卫星径向速度大于 1000km/h，需进行自适应多普勒补偿
服务时延	平均小于 2s	
服务频度	平均 1 次/30s	
单次报文最大长度	不大于 1000 个汉字	

目前，北斗短报文通信已在森林防火、海洋渔业、气象监测、应急指挥等众多领域进行了广泛应用，发挥了巨大社会价值与经济价值。

北斗短报文通信原理如图 2.12 所示。北斗用户机 A 的扩频调制方式为码分多址（CDMA）直接序列（DS），扩频伪码为周期性伪随机码（PN）序列，北斗用户机 A 以 L 波段频率发送通信申请（包含发信方地址和收信方地址）至北斗卫星；北斗卫星将信号转换为 C 波段后转发给地面中心站；地面中心站接收到通信申请后，地面网关中心执行解密和再加密等操作，并由地面中心站广播该信号；北斗卫星再次接收到

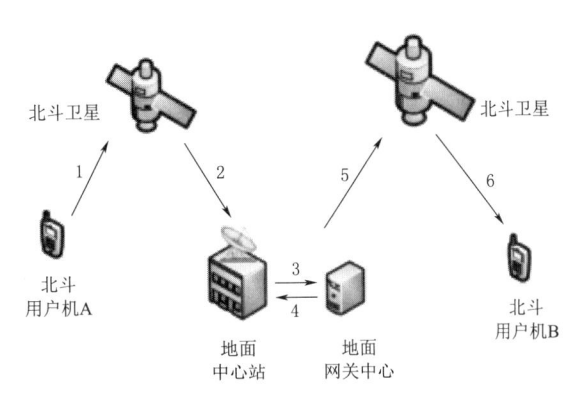

图 2.12 北斗短报文通信原理图

该信号后，将信号转换为 S 波段并广播给北斗用户机 B；北斗用户机 B 解调解密信号，至此，完成了一次北斗用户机间的点对点通信。

在北斗短报文通信过程中，当用户终端 A 需与用户终端 B 进行通信时，北斗系统的工作过程如下：

（1）地面控制中心 MCC 同时向空间段中两颗可见 GEO 卫星 S1、S2 发送用于询问的标准时间信号。

（2）卫星 S1、S2 分别将接收到的询问信号广播给服务范围内的终端。

（3）服务区内的用户如果需要发送数据，则对接收到的两个广播信号，根据波束强度，找到功率最低的波束（波束为北斗短报文通信所使用信道。北斗系统中由 5 颗 GEO 卫星实现短报文通信功能，每颗通信卫星具有 2 个波束，共有 10 个波束。需要通信时，终端会选择信号最强的波束，即所需功率最低的波束进行通信）。

（4）发送方终端 A 将包含接收方终端用户 B 的识别号（ID）和通信申请内容的申请指令，与响应信号一起生成应答信号发送给对应卫星。

（5）卫星接收到用户终端发送的应答信号反馈回中心站（作为入站信号）。

（6）地面中心站接收并解调入站信号，得到目的终端地址和通信电文，将其加入持续广播的出站电文中发送给卫星。

（7）卫星广播信号。

（8）对应接收方终端 ID 用户终端便可接收到通信信息，最终实现一次通信。

北斗短报文通信技术具有以下优点：

（1）覆盖面积广。目前，北斗系统的短报文通信服务已覆盖全球。

（2）保密性强。我国具有北斗系统的自主知识产权，对北斗系统的使用不受国外势力的影响，在任何时候都能确保通信的安全性和保密性。

（3）抗干扰能力。北斗卫星信号采用 L/S 波段，雨衰影响小；采用码分多址 CDMA 扩频技术，有效减少了码间干扰。

（4）通信可靠性高。数据误码率小于 10^{-5}，系统阻塞率小于 10^{-3}。

(5) 响应速度快。点对点通信时延约为1～5s。

但是，北斗短报文也具有以下通信限制：

(1) 服务频度有限。北斗IC卡决定了用户机的服务频度，民用北斗IC卡的服务频度通常为60s/次，即用户机连续发送通信申请的时间间隔至少为60s，否则信息发送失败；接收数据的服务频度无限制。

(2) 单次通信容量有限。北斗IC卡同时决定了单次通信报文的长度，民用北斗IC卡的报文长度通常为78.5B，即当发送数据超过78.5B时，78.5B之后的数据将发送失败。

(3) 民用北斗通信链路没有通信回执。北斗用户机A在发送消息后，不能确定该消息是否被北斗用户机B成功接收。虽然具有以上通信限制，北斗短报文通信技术仍然在很多领域拥有重要的应用价值，例如，在自然灾害频发的地域，北斗短报文通信是一种有效的应急通信方案。由于地面无线通信网络的实现需要架设足够多的地面基站，而地面基站等基础通信设施很容易被地震、滑坡、泥石流、台风、洪水等灾害破坏。北斗短报文通信基本上不会受自然灾害的影响，可以有效保证通信的可靠性。

2.3.2 北斗短报文与局域通信网的融合应用技术

2.3.2.1 基于北斗短报文通信的LoRa区域自组网

远距离无线电（Long-Range Radio，LoRa）是一种基于扩频技术的远距离无线传输技术，其实也是诸多低功率广域网络（Low Power Wide Area Network，LPWAN）通信技术中的一种，最早由美国Semtech公司采用和推广。这一方案为用户提供一种简单的能实现远距离、低功耗无线通信手段。目前，LoRa主要在ISM频段运行，主要包括433MHz、868MHz、915MHz等。在网状网络中，个别终端节点转发其他节点的信息，以增加网络的通信距离和网络区域规模。虽然增加了范围，但也增加了复杂性，降低了网络容量和电池寿命，因节点接收和转发来自其他节点的可能与其不相关的信息。当实现长距离连接时，长距离星型架构最有意义的是保护了电池寿命。

在LoRaWAN网络中，节点与专用网关不相关联。相反，一个节点传输的数据通常是由多个网关收到。每个网关将从终端节点所接收到的数据包通过一些回程（蜂窝、以太网等）转发到基于云计算的网络服务器。服务器管理网络和过滤冗余接收到的数据，执行安全检查，通过最优的网关进行调度确认，并执行自适应数据速率等。

基于北斗短报文通信的LoRa区域自组网技术可应用于输电线路数据采集，采集端配有LoRa模组，可实现组网通信。通过LoRa模组实现对采集端——北斗集中器的数据传输。设备采用定点发射机制实现LoRa组网，多个数据采集端共同发往北斗集中器。

最常见的局域网组网方式是星状组网，LoRa模块采用星状组网的方式进行组网。星状组网是由中心节点和终端节点组成，如图2.13所示，中间的黑色圈就是中心节点（即北斗集中器），外部的小圆圈属于终端节点即配备LoRa模组的采集端。

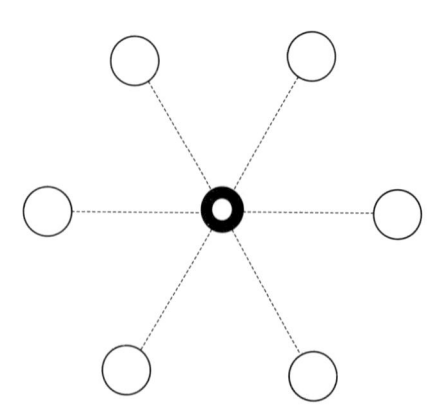

图2.13 星状组网示意图

以此形成区域局域网并由北斗短报文将区域内数据集中传输回主站后台。

2.3.2.2　HPLC与北斗短报文通信的融合

电力线载波（Power Line Carrier，PLC）通信是指以电力线作为通信媒介实现电力线通信网络内部各节点之间以及与其他通信网络之间传输信息或数据的一种通信方式。PLC技术主要研究低压配电网上的通信技术，低压电力线通信系统可以实现对于系统信息采集，并且可以实现实时监控、异常检测等功能。

因为电力线的主要功能是传递电能而不是信息，所以其传输特性很难满足载波通信的要求。而且电力线信道通信环境恶劣且特性复杂，所以周围环境极易对其造成干扰。因此电力线载波通信存在的主要问题是：①噪声干扰大，各种大功率用电器接入电力线，会造成电压电流等急剧变化；②信号衰减复杂，大功率用电器除了产生噪声，还会造成突发性信号衰减；③随机性与时变性较强，电网的用电负载会随着用电器的接入而实时变化，导致信道的传输函数也在改变。

国外低压电力线载波通信技术的研究已经有100多年的历史，并取得了重要的研究成果。1958年，美国就研制出了电力线载波通信集成电路，并在不断创新。相对于国外，国内的技术相对落后但发展较快。20世纪90年代我国进行低压配电网传输参数实验，并制定了方案。进入21世纪，我国引进国外先进的PLC芯片技术并制定发展标准，后续在这方面的技术不断发展创新。近年来，我国在固化PLC技术调制等领域取得了突破性进展。

通过对电力线通信信道的分析，可以得知采用这种通信方式有很多不稳定因素，会影响网络通信的性能。电力线通信技术按传输的频带宽度区分，可以分为宽带电力线技术和窄带电力线技术。随着智能电表功能需求的不断增加，窄带载波技术已经不能满足要求。相比于窄带电力线技术只能提供基础的电信服务来讲，宽带电力线技术能提供更快的传输速度和更多的通信服务。宽带高速电力线载波（High-speed Power Line Carrier，HPLC）通信技术具有高实时性、高速率、抗干扰能力强、可靠性高等优点，在实时数据采集和高速传输方面有很大优势。因此，HPLC技术可以实现窄带载波智能电表不能实现的实时采集、上报等功能，这也是完善电力信息采集，为电力行业建设和运营提供的新思路和方向。

电力抄表使用的是高速宽带电力线通信技术，工作带宽较宽，能够提供数百Kbit/s至几Mbit/s的传输速率，而且中继组网技术为提高系统的实时性能和延长有效通信距离提供了可靠的通信技术选择。高速宽带电力线载波通信采用正交频分复用（Orthogonal Frequency Division Multiplexing，OFDM）技术、多载波调制离散多音频（Discrete Multi-Tone，DMT）等调制技术来解决电力线载波通信长期存在的不稳定、不可靠、信号衰减大、传输带宽和距离受限的问题。通过将可用的信道带宽划分为若干理想的子信道，并在预定的频带内使用若干正交载波信号，可以有效解决电力线数据传输中的干扰问题。

电力载波的通信传输过程如下：在信号接收时，数据信息先通过电力线进行输送，之后再通过耦合线圈将载有信息的高频信号耦合到低压侧电力线上。信号发送时，直接把有用的信号耦合至电力网上，含有高次谐波的信号同时也被滤除掉了。在传输的终端，接收电路频率信号，频率信号经过线路的耦合和信号滤波，滤出电力线路上的高频调制信号；信号经过滤波处理后，可以避免不必要的谐波干扰被送至电网上，保证了信号传输的高效。信号经过解调电路，将已调制的波信号中恢复出原有的低频调制信号；再经过放大电路，输出信号线性放大，频率信号解调成标准的 TTL 电压信号；通过 I/O 卡输入到计算机中。计算机的内部进行具体计算之后输出控制信号，最终实现远程控制。阻波器是由强电流圈、保护器件、调谐网络组成，线圈能够通过工频电流的电抗器。阻波器设计的目的是使 50Hz 的工频信号电流可以在数据通信过程中顺利通过，并阻止高频信号向变电站侧的干扰。电力载波通信流程如图 2.14 所示。

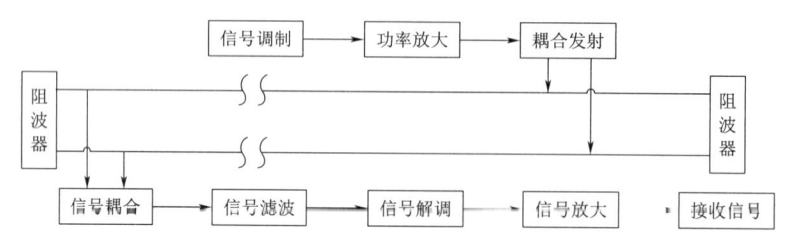

图 2.14　电力载波通信流程图

利用北斗短报文通信覆盖范围广、无信号盲区，作为光纤网络和无线公网等传统通信方式的补充和应急，解决无公网覆盖地区电量采集需求。智能用电信息采集系统业务架构如图 2.15 所示。

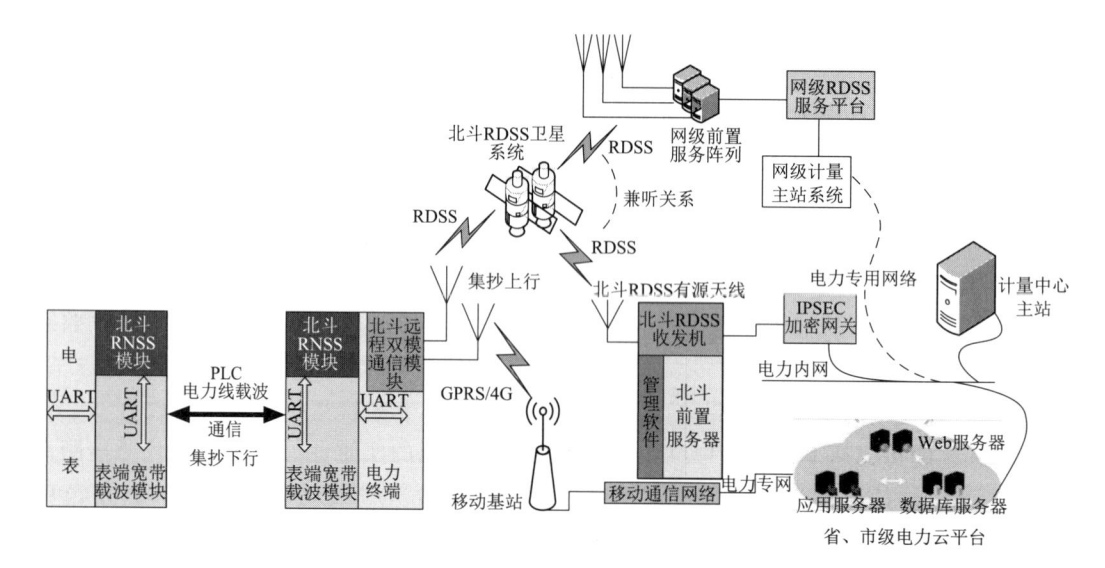

图 2.15　智能用电信息采集系统业务架构图

本地终端（专变、公变）通过 HPLC 和小无线等方式进行电表数据的采集。计量终端通过串口将电力数据发送给北斗通信模块，模块将数据转换为符合北斗传输帧结构的短报文并发送，接收端将收集到的北斗短报文进行解码，获取具体的电力数据内容并转换为符合电网相关协议规范要求的帧结构数据，最后经加密装置（防火墙）接入电力系统。

第3章

电力北斗标准化及产品质量检测

3.1 电力北斗标准化建设

3.1.1 电力北斗标准化组织机构建设

为有效推动电力行业北斗标准体系建设和相关标准的制订、修订工作，电力行业信息标准化技术委员会电力北斗标准工作组于2018年5月正式成立，秘书处设在中国电力科学研究院有限公司信息通信研究所。委员由应用管理单位、科研院所、设备厂商、用户单位等专家组成，包括中国北斗卫星导航产品检测认证联盟、发电集团、国家电网、南方电网、科研高校、北斗厂商等。在人员组成上体现"多方融合、突出应用"原则。其主要职责包括：统筹规划北斗标准的制定工作，推进标准的高效制定，缩小应用需求与标准滞后的差距。2019年6月26日，中国电力企业联合会（简称中电联）电力行业北斗标准联合工作组正式成立，在中电联的指导下，联合电力行业信息标准化技术委员会、中电联地理信息应用标准化技术委员会等多个标准委员会，讨论北斗标准体系及标准立项事宜，制定电力行业北斗标准路线图，有计划地推动北斗标准制定工作。

3.1.2 电力北斗标准体系制定

为适应北斗系统建设的特色和需要，根据GB/T 13016—2009《标准体系表编制原则和要求》的相关要求，按照我国国家标准分类方法，选取适用的分类项目并结合电力行业实际应用，根据北斗产品在电力行业的应用技术及应用产品，依据《北斗卫星导航标准体系（1.0）版》分类方法，提出电力北斗标准体系构建的基本原则。必须坚持核心知识产权和自主创新，以科学、系统的态度和方法建设北斗卫星导航标准体系，同时兼顾与现有的国家标准、行业标准的衔接，充分展现行业特色。电力北斗标准体系以市场需求为引导，本着先基础后其他、先综合后专业、先通用后专用，使标准体系形成一个有机整体。

为建设科学有效的电力北斗标准体系，须充分利用电力行业内外有效标准资源，充分采用整合、继承和发展现有的符合实际应用标准，从技术上以北斗系统为核心，兼容GPS、GLONASS和Galileo等全球卫星导航系统，从GNSS的高度建成开放兼容的电力北斗标准体系。

基础标准是在全国范围内作为其他各种标准的基础并普遍使用，具有广泛指导意义的标准，一般作为制定通用标准与专用标准的依据或准则。基于电力行业应用北斗系统的技术特点，设置电力北斗基础性标准。

北斗产品在电力行业应用不仅需与电力业务高度适配，且需要与电力终端高度融合，电力北斗基础设施（电力北斗地基增强系统）也需按照电力行业应用场景及应用特点定制，所以根据电力北斗产品的应用类型及电力北斗产品属性，基于北斗产品在电力行业的应用特点，设置电力北斗产品与设施标准。

由于电力系统由发电、输电、变电、配电和用电等环节组成的电能生产与消费系统，具有自动化水平高、安全性和可靠性要求高等特点。电力系统在保证电能质量、安全可靠供电的前提下，还应实现经济运行，即努力调整负荷曲线，提高设备利用率，合理利用各种动力资源，降低煤耗、厂用电和网络损耗，以取得最佳经济效益。在各工业部门中，电力系统是规模最大、层次很复杂、实时性要求严格的实体系统。所以电力北斗系统应用应符合电力行业标准，以满足电力特殊应用场景和信息安全类技术要求。基于电力北斗的系统应用，设置电力北斗应用类标准。

各部分标准主要规定的内容及标准类型如下：

（1）基础标准：主要规定了名词术语、时空基准以及通用接口控制标准等。

（2）产品与设施标准：主要规定了基础的组件（含芯片、模块单元、天线）、终端（通用、专用）、设施标准（电力北斗地基增强系统）。

（3）应用标准：主要规定了系统应用标准、信息安全标准以及其他标准。

电力北斗标准体系构建遵循开放性、兼容性、完整性、统筹性等基本原则，在国家北斗标准以及北斗专项标准基础上，结合电力行业特殊需求，充分考虑并吸纳已经发布的北斗标准，形成具有科学性、严谨性和可执行性的电力北斗标准体系，如图3.1所示。

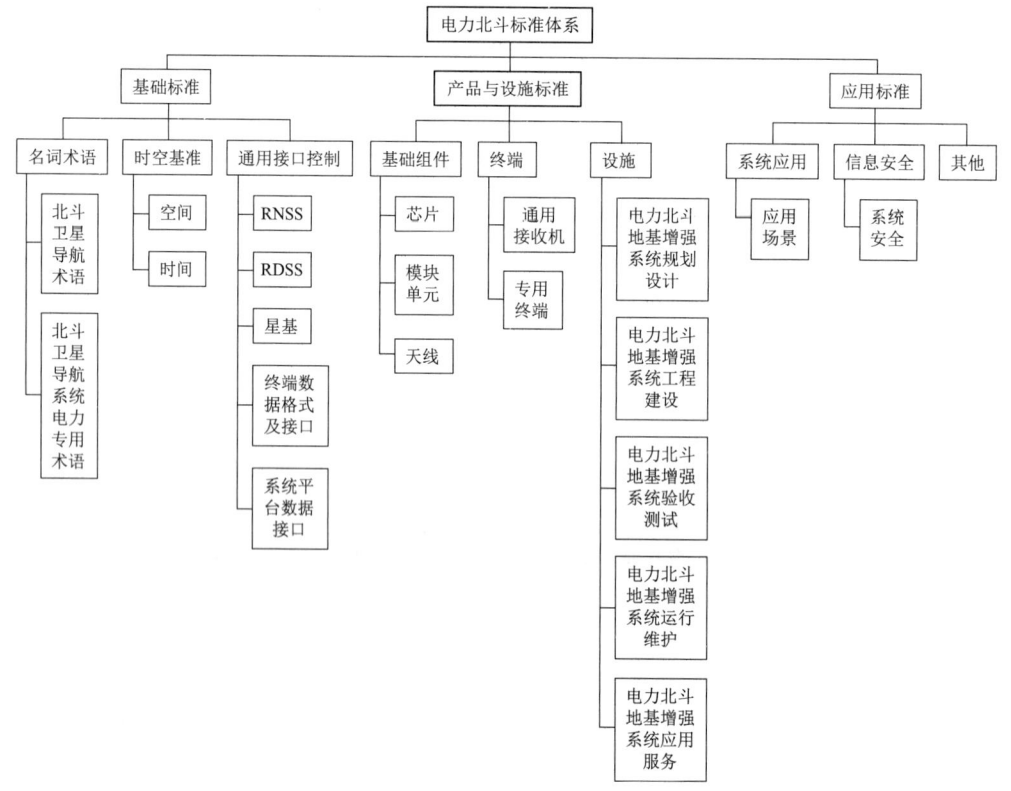

图3.1 电力北斗标准体系图

电力行业信息标准化技术委员会电力北斗标准工作组于2020年4月发布《电力北斗标准体系白皮书》。电力北斗标准体系由99项标准组成，收录国家标准、电力行业标准以及北斗专项标准的有46项标准，仍有53项标准待制定。依据电力北斗标准体系，截至2022年10月，已开展28项电力行业标准、中国电力企业联合会团体标准以及国家电网公司企业标准的制定工作，其中发布电力北斗标准17项，含电力行业标准2项、中电联团体标准13项、国家电网企业标准2项。电力北斗标准体系会与国家标准体系进行联动，国家和电力行业已有相关标准，参照执行，不再重复制定。电力北斗标准体系具备电力行业特点，满足电力行业应用。电力北斗标准体系用于指导电力北斗行业标准、团体标准与电力企业标准的申报工作。

3.1.3 标准体系路线图

依据北斗系统发展规划以及北斗产品在电力行业试点应用情况，电力行业北斗系统应用标准的编制应分为三个阶段：近期（2021—2023年）、中期（2024—2025年）、长期（2026年至长期），具体规划如图3.2所示。

阶段	近期（2021—2023年）	中期（2024—2025年）	长期（2026年至长期）
基础标准	1. 北斗卫星导航系统电力专用术语 2. 电力北斗短报文信息编码规范 3. 电力北斗运营平台接口要求 4. 电力北斗终端数据格式及接口标准	1. 北斗星基增强系统接口要求 2. 电力北斗时空相关标准 3. 电力北斗通用接口控制相关标准	1. 电力北斗基础定制类标准
产品与设施标准	1. 电力北斗通用接收机技术规范及测试方法 2. 电力北斗用电信息采集短报文通信终端技术规范及测试方法 3. 电力北斗监测型接收机技术规范及测试方法 4. 北斗终端数据格式及接口标准	1. 电力北斗天线相关标准 2. 电力北斗专用终端相关标准 3. 电力北斗地基增强系统运行维护标准等标准	1. 电力北斗/全球卫星导航系统组合导航模块单元技术规范及测试方法
应用标准	1. 高精度数据质量检测与评价标准 2. 电力北斗应用及终端设备信息安全技术要求 3. 电力北斗系统平台、数据安全技术要求及测试方法	1. 电力北斗应急通信系统架构导则 2. 电力北斗无人机巡线系统技术导则 3. 电力北斗应用系统相关标准	1. 电力北斗业务适配相关标准

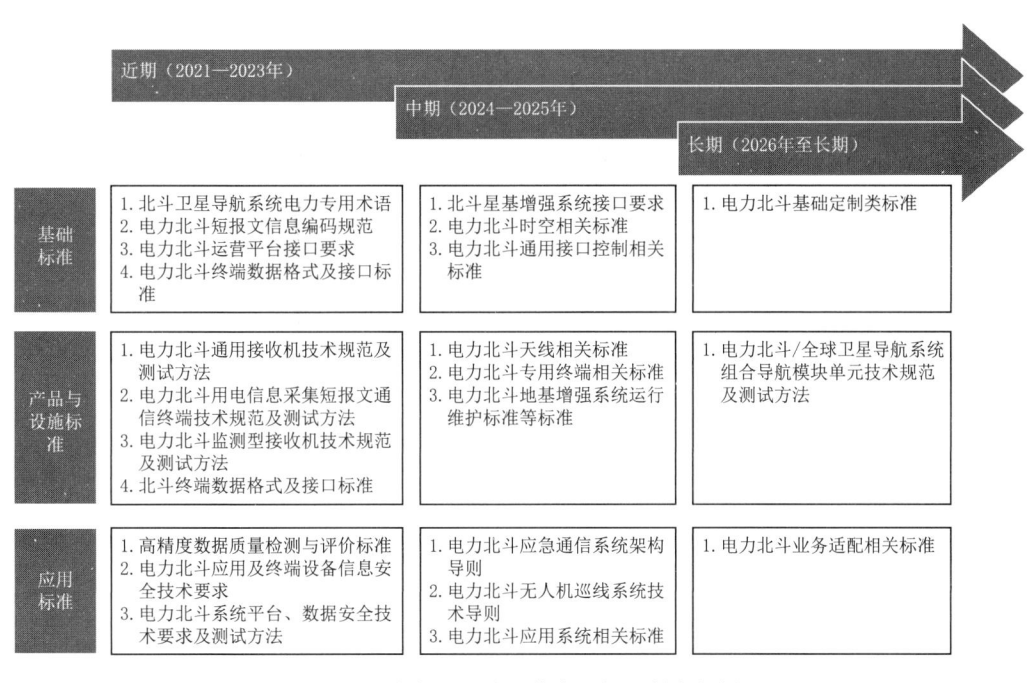

图3.2 电力行业北斗系统应用标准制定规划图

依据电力北斗标准体系，按照需求为本、急用先行的立标制标原则，近期（2021—2023年）需要在基础标准方面制定如下标准：北斗系统电力专用术语、电力北斗短报文信息编码规范、电力北斗运营平台接口要求、电力北斗终端数据格式及接口标准等；在产品与设施标准方面，需制定如下标准：电力北斗通用接收机技术规范及测试方法、电力北斗用电信息采集短报文通信终端技术规范及测试方法、电力北斗监测型接收机技术规范及测试方法等标准；在应用标准方面需制定如下标准：高精度数据质量检测与评价标准和电力北斗应用及终端设备信息安全技术要求等标准。

根据北斗三号卫星导航系统发展趋势以及电力行业对北斗产品的应用普及,中期(2024—2025年)需要在基础标准方面制定如下标准:北斗星基增强系统接口要求、电力北斗时空相关标准等标准;在产品与设施标准方面需制定如下标准:电力北斗天线相关标准、电力北斗专用终端相关标准、电力北斗地基增强系统运行维护标准等标准;在应用标准方面需制定如下标准:电力北斗应急通信系统架构导则、电力北斗无人机巡线系统技术导则等标准。

未来,北斗卫星导航产品将在电力行业全面深入普及,所以在长期(2026年至长期)基础标准和应用标准方面需根据实际拓展的电力业务应用场景制定相关标准;在产品与设施标准方面需制定电力北斗/全球卫星导航系统组合导航模块单元技术规范及测试方法等标准。

3.2 电力北斗产品质量检测

3.2.1 背景情况

北斗系统是军民共用的国家重要空间基础设施,是中国着眼于国家安全和经济社会发展的需要,自主建设、独立运行的卫星导航系统,可以为全球用户提供全天候、全天时、高精度定位、导航及授时服务,属于全球性公共资源。目前北斗卫星导航技术已经广泛应用于诸多国民经济重要领域,并向大众消费市场推广,为全球经济和社会发展注入新的活力。未来北斗与GPS、GLONASS、Galileo等卫星导航系统之间的兼容与互操作已成为发展趋势,并将借助与"军民融合""一带一路""中国制造2025"等战略的深度融合,实现更加快速的发展。随着2020年北斗系统的全面建成,北斗系统的应用已经逐步走出国门,服务世界。

北斗系统建设和产业发展的顺利推进,与国家的高度重视、行业和地方的大力支持密不可分。近年来,国家发布了《国家卫星导航产业中长期发展规划》《"十三五"国家战略性新兴产业发展规划》《军民融合"十三五"规划》《中国北斗卫星导航系统》白皮书等多项与北斗相关的政策规划,意在加快北斗系统建设、突破核心技术、提高质量水平、促进行业应用、推进国际互认。各行业主管部门也相继出台了相关领域北斗应用与产业化政策,在国家力量助推的同时,为北斗更好地深入各行业提供了政策指导与保障。地方政府更是把北斗作为调整经济结构、促进产业升级的重要抓手,高度重视产业化推广和应用,多个省市都结合当地的实际情况相继出台了一系列政策和指导意见,对其北斗产业发展做出了更为细致的规划。

伴随着行业应用快速推进,如何对北斗卫星导航相关产品进行全面、科学、准确的质量水平评估已成为广泛而迫切的需求。产品质量已经成为关系我国卫星导航产业健康发展、应用市场形成规模的重要因素之一。检测认证是国际通用的一种质量提升手段,通过建设完善的北斗卫星导航检测认证体系,为北斗设计、研发、生产、运营、销售等相关单位提供一站式服务,对维护广大用户和消费者权益,加强政府行业管理决策,促进国际贸易,保障标准的贯彻执行,引领产业健康发展都有着十分重要的意义。

3.2.2 行业现状

制度体系建设是北斗卫星导航检测认证体系建设的基础和保障，国家认证认可监督管理委员会（简称认监委）先后制定实施了《北斗卫星导航产品质量检测机构授权管理办法》《北斗卫星导航产品质量检测机构能力要求（试行）》《北斗卫星导航产品质量检测机构审查办法（试行）》《北斗卫星导航产品质量检测机构能力要求（1.0版）》《北斗卫星导航产品质量检测机构审查实施细则（1.0版）》等一系列管理和技术文件，北斗卫星导航检测认证制度体系已初步建立，北斗卫星导航产品检测、认证体系建设的制度基础基本形成。

根据国家质检中心规划建设需要，国家认监委完成了"国家通信导航与北斗卫星应用产品质量监督检验中心、国家卫星导航与定位服务产品质量监督检验中心和国家卫星导航与应用产品质量监督检验中心"等3个国家级北斗卫星导航产品质检中心的规划、论证和授权工作。目前，北斗卫星导航产品检测体系已初具规模，并开始向全国各类用户提供优质、高效的综合技术服务。

随着各级北斗卫星导航产品质量检测中心的验收和正式对外提供检验、试验、标准制修订及验证、综合分析、培训、咨询等技术服务，我国北斗产业在高水平检测机构的服务支撑下发展迅速。近四年，北斗相关国家质检中心、区域级检测中心共为4000余家单位提供了服务，测试北斗产品型号10000多个，测试样品30000余件，涵盖交通、电力、测绘等涉及国计民生的重要领域，获得广泛认可和好评。相关检测服务有效降低了相关单位在北斗技术和产品研发方面的成本，同时又促进了卫星导航产品质量和企业管理水平的提升，为我国北斗产业升级发展奠定了良好的基础。

检测认证标准决定着市场的制高点和话语权，检测认证标准缺失将严重影响北斗导航规模化应用和产业化发展。近年来，国家陆续出台了一部分北斗技术和应用检测认证标准，并在北斗标准国际化工作上取得了积极进展，但检测认证标准体系建设总体上依然滞后，不能满足北斗产业快速发展需要。例如，我国卫星导航检测认证标准体系的总体规划还未形成，有待设计完善；北斗相关检测认证标准指标描述、测试方法、数据统计方式的科学性、准确性和一致性有待统一；各检测认证标准制定的一致性、专业性和互通性还较差，亟待解决；北斗卫星导航标准的宣贯培训和国际化交流需进一步加强等。需遵循需求牵引、系统布局、包容开放、协调一致的原则，开展北斗卫星导航检测认证标准体系建设，夯实我国卫星导航产业健康发展的质量基础。

认证是国际通行的一种针对产品、过程或者服务质量进行评价、监督和管理的有效手段。在北斗卫星导航领域建立完善认证体系，有助于保护消费者权益、保障北斗系统安全、提升企业质量管理水平，有助于利用市场和技术的力量，打造"北斗"民族品牌。随着北斗卫星导航产业的快速发展和"一带一路"倡议的深入推进，社会各界对北斗卫星导航认证体系建设的需求愈加迫切。目前，我国在北斗领域尚未建立相关认证制度，缺少专门的认证机构开展相关认证业务，认证需求尚未得到满足，认证体系急需得以建立完善。

3.2.3 中心职能

北斗卫星导航产品（电力）质量检测中心（以下简称检测中心），在国家能源局唯一授权、国家电网公司的大力支持下，于2023年8月22日获得中国卫星导航定位应用管理中心的授权，被批准正式成立。北斗卫星导航产品（电力）质量检测中心作为电力行业北斗应用的产品质量检测基地、创新应用研究及仿真验证基地、行业应用标准化基地，为电力行业各单位提供电力北斗标准化、检测、培训、咨询等服务。将通过一系列举措，如对北斗产品进行电力业务适配性测试，建立电力北斗产品合格名录，进行标准参数检测验证等工作，确保电力北斗产品的应用质量及电力业务的适用性，为电力行业北斗产品质量管控工作提供强有力的抓手。

3.2.4 发展情况

检测中心依据《北斗卫星导航（电力）产品质量检测机构能力要求（试行）》、国家标准、电力行业检测标准，作为电力行业北斗应用权威检测机构，将担当起电力行业北斗应用的产品质量检测基地、创新应用研究及仿真验证基地。检测中心具备CMA/CNAS资质，可系统开展多类卫星导航产品的功能、性能、安全、电磁兼容、业务适配等指标测试与试验研究。

在检测能力方面，目前检测中心充分利用实验室具备的电力发、输、变、配、用、调全业务环境的优质基础设施资源，为北斗系统在电力行业应用提供权威科研、检测服务，包括标准验证、型式试验、认证服务、应用测评、环境测试、产品腾退技术鉴定等业务类型，为北斗系统在电力行业推广应用提供质量保证。

在关键技术研究方面，检测中心依托电力基础设施的验证环境，开展包括电力系统电磁环境下北斗终端适配与检测技术、电力北斗授时定位模组、电力北斗三号加密短报文模组等研究工作，获得中国卫星导航定位协会卫星导航定位科技进步奖二等奖以及中国电力企业联合会的北斗电力优秀创新应用奖。

3.2.5 检测能力

检测中心的检测能力根据多元化、全面化、高效率、可扩展、开放性等建设原则，构建可覆盖各种卫星导航应用产品的检测系统，实现电力北斗卫星导航终端测试的功能和性能要求，可分为八大平台。

检测中心拥有"一源八域"的检测环境，其中"一源"是电力时频基准源，作为时间同步测试基准，支撑检测业务的同时提供可靠电力时间频率统一运营服务；"八域"是指有线测试、无线测试、对天测试、业务适配性测试、环境和电磁兼容测试、短报文测评及管理、信息安全测试及综合控制系统八个区域，具备北斗全项目能力。

3.2.6 检测范围

截至2022年6月，检测中心已经具备北斗RNSS、北斗RDSS及其他GNSS类产品的基础检测能力，包括对天测试（含基线检测场）、信息安全测试、环境与电磁兼容测试建设，共完成CNAS/CMA检测标准扩项247项，具备开展对授时型、导航定位型、高精度测量型、短报文、导航天线等产品测试能力，检测对象包括电力业务应用的各类北斗模组、板卡、终端、天线及软件系统等。

第 4 章 电力北斗应用创新成果

电力系统在北斗规模化应用的进程中积极推动"北斗＋"融合创新和"＋北斗"时空应用发展，充分利用北斗应用的泛在性、融合性，与电网传统业务各环节结合，在电力规划建设、电力设施设备管理、电力营销、电力调度控制、电力物资管理、电力后勤管理、国际业务等应用场景中发挥出重要的时空赋能作用。

4.1 北斗在电力规划建设方面的应用成果

4.1.1 解决方案及其应用

1. 勘测数据的采集

利用国家电网和南方电网建设的电力北斗地基增强系统所提供的高精度位置服务及北斗高精度定位信息采集装置，开展可研、设计、施工各类勘测阶段的数据采集工作，建立统一的电网工程勘测坐标基准，提升输电线路控制测量效率，保障控制测量成果可靠性和一致性。

2. 输电线路选线及竣工质量核查

基于电力北斗地基增强系统所提供的高精度位置服务，通过激光点云扫描或航空摄影测量获取输电线路规划建设区域的高精度点云数据或三维倾斜模型，通过对预建设线路参数与规划建设区域的组合分析，选择合理的输电线路建设方案，减少人员外业勘测的难度，提高输电线路规划的合理性和科学性。同理，将输电线路工程通道走廊内的高精度的激光点云数据与杆塔或导线设计成果进行叠加分析，对杆塔横担尺寸大小、杆塔姿态角度、导线弧垂等进行校验核查实现输电线路竣工质量核查，提高基建验收效率。

3. 基建现场人员安全管控

通过利用电力北斗地基增强系统所提供的高精度位置服务和地理信息数据，依托北斗高精度智能安全帽、北斗高精度智能手表、北斗智能工卡等穿戴设备，开展基建现场人员作业安全管控，结合电力设施安全作业距离，在作业人员安全管控系统中对空间进行安全区域划分，构建高精度空间虚拟电子安全围栏。北斗高精度智能安全帽和北斗高精度智能手表能够实时精准采集作业人员精准位置信息与行动轨迹，当作业人员超出允许作业时空区域或踏入危险区域时，北斗高精度智能安全帽和北斗高精度智能手表通过声光、震动方式自动告警，有效预防作业人员违章行为，减少基建现场人员触电、跌落风险。通过北斗高精度智能安全帽的视频传输功能，实现后台系统远程指挥作业或作业信息采集，为作业准确性、安全性提供辅助支撑。提高施工现场安全管控能力和安全管理水平，落实安全管理责任，保障施工现场安全。

4. 基于北斗的电网数字化施工及设备管理

依托北斗高精度导航定位及授时功能，结合某地电网现状需求，在施工管理及设备管理领域研究基于北斗的综合管理应用，建立数字化基础平台、地理信息系统、工地现场数据采集系统、工地现场机械控制系统等基础平台，整合工地信息资源，突破现实时空局限，依靠数字化的施工过程辅助及监控，解决施工质量管理、成本管理相关问题，提高工作效率，提升工地管理水平，优化施工方案，同时提高施工进程透明度，实现实时和有效监督。

在电力基建施工中应用基于北斗的桩基、压实、推土机、挖掘机作业引导系统及车载声光报警器，如图4.1～图4.3所示。设备依托北斗载波相位差分技术获取厘米级定位值，结合传感器和施工机械算法模型及三维电子图纸数据，精确计算作业点的三维位置信息和方位角度数据，可对施工位置实时纠偏，减少因人工导致的施工误差，实现准确高效作业，有效提高并保障工程建设效率。通过将北斗声光报警器安装在电网附近工程车辆驾驶室内，结合防外破平台对设备周边设置分级围栏，车辆进出时围栏对驾驶人员实时声光提示，主动防控电网设备因施工建设造成的外力破坏。

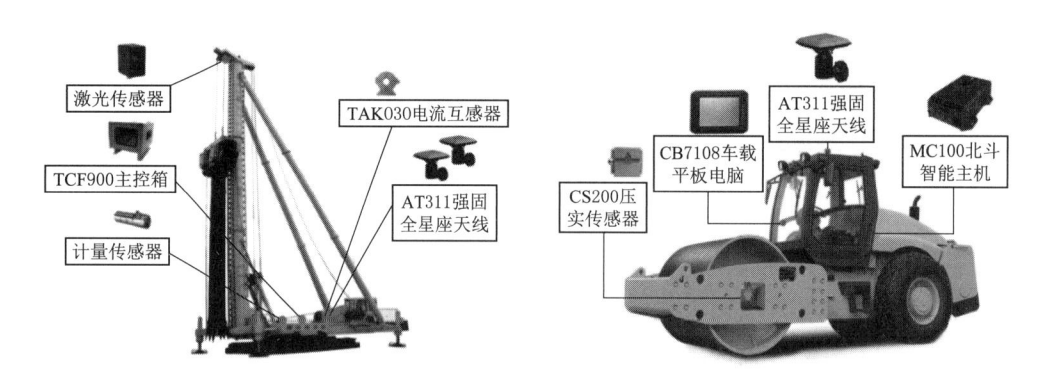

图 4.1 桩基、压实智能管控装置

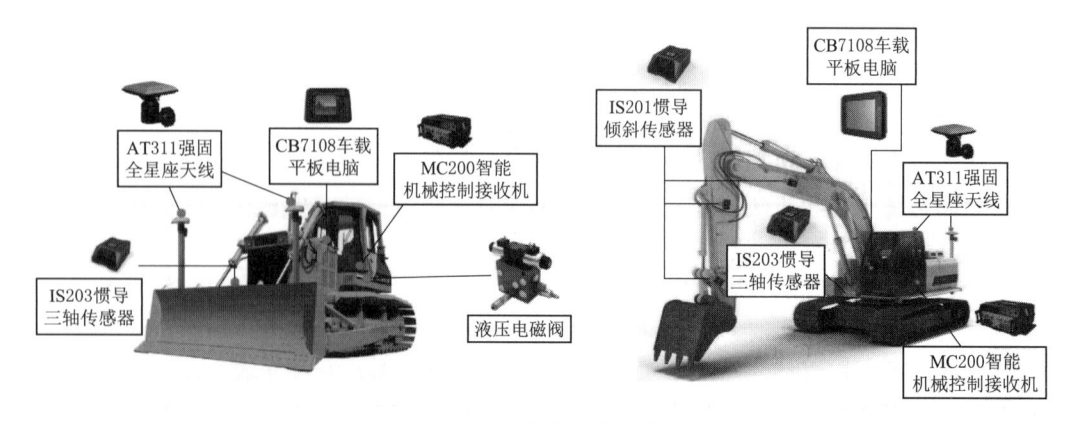

图 4.2 推土机、挖掘机智能管控装置

5. 拱坝混凝土浇筑定位监控

长江三峡某水电站大坝混凝土浇筑工程，聚焦拱坝混凝土浇筑全环节工艺控制，依托北斗高精度定位技术，研制混凝土浇筑施工机械成套智能监控装备，研发集感知、分析、反馈与优化于一体智能控制云平台，有效解决了混凝土施工过程管控不足、质量评价事后追溯难、跨单位多层级协同管理难等问题。

图 4.3 车载声光报警器

北斗高精度定位技术作为水利工程智能建造技术自主可控的重要组成部分，在"智慧建造"中发挥了重大作用。一是系统研发北斗相关智能成套设备，实现自动、实时采集工程建造过程中的各类数据，以采用智能化方式，减少人员的工作量，实现水电行业领域建造过程智能化水平显著提升；二是建立以物联网、云技术和大数据为基础的网络系统与数据智能分析中心，实时传输、存储、分析与反馈相关信息，实现对建造过程的智能监控和管理，满足工程建设精益化管理的需求。

利用北斗对混凝土生产及运输等业务的高精度定位能力，解决交通洞、左右岸坡等区域的准确定位问题，采用超宽带（Ultra Wide Band，UWB）进行辅助定位，并构建北斗与UWB无缝切换定位模型，实现了施工机械全天候、全区域无缝衔接定位；分析混凝土浇筑效率影响关键因子，浇筑设备利用率提高30%；实现了混凝土浇筑质量过程化标准化管控，料运匹配错误减少30%，无序振捣减少80%，过振欠振降低50%；成功实现了高山峡谷大风条件下缆机运行安全的实时监控、分析与反馈。加装北斗终端的现场施工设备如图4.4所示。

图 4.4 加装北斗终端的现场施工设备图

针对大型水电工程施工向智能建造转型的问题，通过研究，形成了成套成体系的研究成果，并成功全面应用于特高拱坝浇筑中，成功解决了千万级方量混凝土高强度施工、多仓多级配混凝土精准调度、平仓振捣规范化及缆机群运行安全等难题。同时利用网络化、数字化、智能化的新技术新方法，重构了工程管理技术手段与能力，更新了工程管理理念，形成了完善的施工过程管控体系，提升了管理水平。

项目成果在同等级别水电站建设中具有广阔的推广应用前景，可有效助力实现混凝土施工过程精细化管控。

6. 水电站人员与设备定位及轨迹跟踪

三峡集团某水电工程建设中，聚焦工程建设过程中人员、车辆及施工设备等安全管理，利用北斗高精度定位技术，研发了水电站人员与设备定位及轨迹跟踪系统，研制了适合于本项目的人员定位终端、车载定位终端等，作为打造智慧工区的核心组成部分，该系统在水电站建设过程中得到广泛而深入的应用，为水电站对现场人员加强合规化、精细化管理以及提高现场安全、质量管理要求提供了重要支撑。

定位系统主要内容包括人员和车辆管理方面的应用，人员方面包括人员实时位置展示、人员历史轨迹追踪、求助位置定位、现场签证定位、移动视频采集终端定位、区域人数统计等；车辆方面包括车辆实时位置展示、车辆历史轨迹跟踪、电子围栏设置及报警提醒、混凝土车辆排队展示、混凝土罐车冲洗记录、途经车辆查询、车速监控等。

定位系统运行期间，累计发放包括北斗定位终端在内人员定位设备15000余套（张），移动视频定位采集器50台，覆盖工区内业主单位、监理单位和施工单位等质量安全管理人员及民技工；安装北斗定位车载终端500余套，覆盖工区内所有混凝土罐车、出渣车和通勤车等。

该系统实现了人员定位、车辆定位、施工设备定位和数据统计分析功能，通过系统的应用，对施工人员、车辆及设备的位置和分布有了直观的展示和跟踪监督，减少了发生安全事故的风险；同时，增加一种与外界的通信方式，施工人员遇到危险能及时向外界求救，提高了在紧急情况下的救援能力和施工现场的安全系数；同时，在施工过程中，三方联合定位签证管理措施，规范了施工现场的质检审批和监理单位的监督管理行为，辅助提高工程的质量，降低由于质量问题造成的安全风险和重复施工造成的经济损失；系统为工区交通运输建立科学管理方案提供了数据支撑，通过引入先进的信息技术，创新了管理模式，为管理部门提供有效的管理手段，显著降低车辆超速行驶等交通安全风险，基本杜绝车辆乱弃渣、串场作业等行为，全面加强运输车辆的监管水平，促进运输的规范性、有序性和安全性，结合智能化手段，为管理层决策提供有力技术支撑，提升了工区内交通智能化管理水平。基于北斗的施工管控平台及作业车辆如图4.5所示。

图4.5 基于北斗的施工管控平台及作业车辆

定位系统利用新技术为工程建设管理提质增效，在辅助落实工程质量、安全、人员在岗制度、增加安全即时通信措施、加强人员进出场管理等方面起到重要作用，可有效提升水电站工程建设管理政策和制度的执行，为打造优质精品工程提供强有力的技术保障。

通过定位系统的应用，仅交通管理方面，整个工区减少投入现场安全管理人员数十人,每年可直接节约资金数百万元,而人员及工程质量安全管理方面,节约成本更是不可估量,可有效加强安全风险控制、强化工程质量控制、提高协同工作效率、辅助整合业务流程和辅助资源调度决策。同时,通过定位系统的应用,可及时准确掌握现场人员分布情况,辅助施工现场安全生产管理,为突发事故责任追究提供依据,降低施工现场安全风险。实现现场人员管理精细化,全面提升企业管理能力、经济效益和社会形象。

定位系统结合水电站施工区管理实际情况,研发出的可复制、可推广、可扩展智慧管理系统,适用于大型水利水电工程建设,具有广泛推广应用价值。

4.1.2 产品及其应用

4.1.2.1 北斗智能安全帽

1. 产品的主要功能及性能指标

该产品主要用于基建现场作业人员安全管控,以安全帽为载体,支持室外北斗高精度定位,通过网络通信将高精度定位信息以及语音、图片、视频等附属信息回传管理后台,管理后台按照安全管理规范,构建时空围栏,实现现场作业人员实时轨迹管理、安全作业管理、远程指挥调度等。

(1) 主要功能:

1) 支持 BDS+GPS+GLONASS+Galileo 厘米级高精度定位。
2) 支持电子围栏违规进出告警。
3) 支持跌落告警。
4) 支持一键 SOS 救援。
5) 内置高灵敏 MIC 及环线立体声喇叭,支持语音双向通信、组呼、视频通话等。
6) 内置高度监测芯片,支持登高预警。
7) 适配多种安全帽,可拆卸、更换、重复使用。

(2) 主要性能指标见表 4.1。

表 4.1 主 要 性 能 指 标

信号跟踪	BDS+GPS+GLONASS+Galileo
定位精度	0.2m+1ppm
差分电文	RTCM 3.2
内存空间	6GB
数据存储	64GB
网络	支持 2G/3G/4G 全网通
数据业务	TDD-LTE/FDD-LTE/TD-SCDMA/WCDMA/HSPA+/DC-HSDPA/CDMA2000/CDMA1X/EDGE/GPRS;FDD-LTE:Cat4/Cat6;TDD-LTE:Cat4/Cat6
WLAN 协议	802.11 a/b/g/n/ac(wave2)
频率	2.4GHz、5GHz
通信距离	60m

续表

蓝牙版本	支持 V4.1，兼容 V2.X，支持 BLE
通信距离	30m
功耗	平均 1.85W
电池容量	4000mAh
使用时长	8h（高精度定位）
充电方式	USB 快充/座充
重量	(200±2) g
尺寸	电池端：83mm（高）×60mm（宽）×26mm（厚） 主机端：100mm（高）×80mm（宽）×40mm（厚）
工作温度	−20~60℃
存储温度	−30~70℃
IP 等级	IP65

2. 产品照片

北斗智能安全帽如图 4.6 所示。

3. 应用案例

目前，北斗智能安全帽已成功应用于南方电网两个省份的供电公司、超高压项目等多个施工作业现场。应用自建北斗服务平台提供的厘米级差分服务可以实现优于 20cm 的实时人员动态定位。平均 2min 内达到固定解，无遮挡环境下固定率较高，电子围栏响应时长优于 3s，可以实现安全帽与管理后台或管理终端双向对讲、群组对讲。实现作业现场的精细化管理，保障作业人员安全。北斗智能安全帽现场应用如图 4.7 所示。

图 4.6 北斗智能安全帽图　　图 4.7 北斗智能安全帽现场应用图

4.1.2.2 北斗智能手表

1. 产品的主要功能及性能指标

该产品融合北斗、UWB 和惯性导航多种定位技术，实现室内外一体化定位，同时兼具无线数据传输、心率等生命体征监测等功能，为基建现场工作人员提供更好的安全防护，并实现对基建现场人员位置的实时管控。

（1）主要功能：

1）支持北斗系统、GPS，惯性导航，UWB 定位。

2) 具备物理按键，支持 SOS 一键告警。
3) 支持心率、血压、血氧饱和度监测，支持惯性导航，具备气压测量功能。
4) 支持各类消息及提醒振动提示。
(2) 主要性能指标见表 4.2。

表 4.2　　　　　主　要　性　能　指　标

操作系统	Android	冷启动时间	整机冷启动时间小于 60s
内存	1GB RAM+1GB ROM	表带材质	TPU 或硅胶材质
定位精度	水平优于 3m，高程优于 5m	通信方式	支持 4G 或 NB-IOT，WiFi
屏幕	高亮屏 OLED，尺寸不小于 1.4 英寸	供电方式	内置电池供电，可充电，连续工作时间不小于 12h，待机时间不小于 48h
设备参数	厚度 14~18mm	工作温度	−20~70℃
外设接口	磁吸式充电	储存温度	−40~80℃
电池	500mAh	防护等级	不低于 IP65（不含气压测量模块）
触控	支持 2.5D 全屏触控		

2. 产品照片

北斗智能手表图如图 4.8 所示。

3. 应用案例

北斗智能手表产品已在国家电网多家网省公司试点应用，实现了对基建现场作业人员的实时定位监管和作业安全管控，并初步实现现场人员和后端平台的工作协同。

图 4.8　北斗智能手表图

4.1.2.3　北斗智能工卡及其集中充电柜

1. 产品的主要功能及性能指标

北斗智能工卡主要面向电网内基建工程、检修作业、配网运维等室外工作现场的安全管控领域，对作业人员安全进行全过程智能监管。产品支持 BDS、GPS、GLONASS、Galileo 等多系统定位，支持 RTD 定位服务，支持 4G 全网通信，采用充电柜集中式充电，是一款贴合实际应用的创新性定位工卡。集中充电柜产品集工卡保存、充电、工卡信息管理等功能于一体，通过扫码方式注册绑定智能工卡后自动弹出，同时通过通信装置将注册信息上传到后台服务器，后台服务器根据工卡与作业人员绑定信息进行实时管理。

(1) 主要功能：

1) 北斗智能工卡。

a. 定位功能：具有 GNSS 定位功能，能提供实时的日期、时间、经度、纬度、高度、等定位信息。

b. 通信功能：通过 4G（向下兼容）通信方式实现实时位置信息回传。

c. 一键报警功能：实现紧急呼救信号及坐标信息回传。

d. 低电量预警功能：电量低于 20% 和 5% 时进行告警。

2) 集中充电柜。

a. 扫码取卡。

b. 工卡快充：含氮化镓快充材料。

c. 工卡信息管理。

(2) 主要性能指标见表4.3。

表4.3　　　　　　　　　　主 要 性 能 指 标

产品	北斗智能工卡	集中充电柜
频段	BDS：B1I GPS：L1 C/A	—
定位精度	单点：水平定位精度优于5m，垂直定位精度优于10m（HDOP≤4或PDOP≤6）； RTK：水平定位精度优于3m，垂直定位精度优于5m（HDOP≤4或PDOP≤6）	—
时间特性	初始化时间：不小于10s 热启动时间：不小于5s 冷启动时间：不小于40s	—
通信方式	4G Cat1 全网通	4G Cat1 全网通
供电	电池：3.7V　1500mAh 充电电流：500mAh 平均功耗：0.4W	输入：220V/50Hz　600mA 输出：5V　25A（MAX） 平均功耗：<8W
结构	尺寸：110mm×69mm×8mm 重量：约70g	尺寸：610mm×235mm×244mm 重量：16kg
环境适应性	工作温度：-20~60℃ 存储温度：-40~80℃ 工作湿度：5%~95%（无凝露）	工作温度：-20~60℃ 存储温度：-30~80℃ 工作湿度：5%~95%（无凝露）
防护等级	IP65	IP61

2. 产品照片

北斗智能工卡及其集中充电柜图如图4.9所示。

图4.9　北斗智能工卡及其集中充电柜图

3. 应用案例

该产品已在国网某省110kV变电站新建工程项目和抽水蓄能电站500kV送出工程项目的基建现场进行了推广应用。

4.2 北斗在电力设施设备管理方面的应用成果

4.2.1 解决方案及其应用

1. 无人机定位跟踪和自主巡检

结合实际业务场景,在无人机上挂载基于北斗高精度定位技术且有独立电源的无人机导航定位终端,该终端能够实时传送无人机的经纬度、高程、方向、速度、卫星数量、电池电量等数据,实现无人机的实时跟踪和飞行轨迹绘制,达到无人机机巡更高效、更安全。同时利用北斗无人机导航定位终端提供的位置数据,实现无人机坠机事故发生后的机体搜寻。在飞行作业中,也可以利用无人机定位终端位置信息开展空域飞行管理,一旦无人机飞行的区域存在直升机作业,则对应地发送作业提醒,保障无人机飞行安全。

同时,具备RTK定位功能的无人机,利用国家电网和南方电网电力北斗地基增强系统提供的高精度位置服务实现变电站机巢全流程自主巡检。机巢接收巡检任务后,传输给无人机,无人机按照巡检任务开展无人机精细化巡视,返回机巢后实现数据的自动上传,全流程无人值守。利用相同的服务及终端也可实现输配电线路的航线自动规划、无人机自主巡视以及自动缺陷分析等。结合线路三维通道模型开展通道化巡视及精细化巡视,获取可视化精准数据后实现缺陷智能分析,提高巡检作业效率,降低电网运营维护成本。目前已广泛应用于变电站电力设施、输配电线路的自主巡检。

2. 地质灾害和杆塔位移监测

利用针对地质灾害和杆塔位移监测建立的北斗基准站和监测平台系统,开展基于北斗高精度定位技术的地质灾害和杆塔位移监测工作,并与国家电网和南方电网建设的电力北斗地基增强基准站部分复用,可大规模节省传统监测基准站的投资建设。通过布设于杆塔塔基的位移监测终端数据,以及外设的土壤湿度、雨量、裂缝传感器等多源传感器数据,与北斗基准站原始数据信息统一解算,实现对杆塔位移毫米级监测分析预警,掌握灾害风险趋势,提升灾害监测防控能力,为生产运维提供更精准的灾害预警,有效提升电网灾害全过程的监测、预警、评估及决策能力。

3. 水电站坝体变形准实时监测

集成国产高精度北斗/GNSS接收机、多种网络通信技术,开发对大范围水库群的坝体全天候实时监测与预警的软硬件平台,实现水库群坝体外观安全自动化监测。

监测点网络集成无线和有线专有网络,利用无线网络将北斗/GNSS监测数据安全、稳定、实时可靠地传输至控制中心,实现监测数据的自动快速处理,实时获得监测数据,分析监测点的变形情况。

采用先进的滤波算法、精细的误差修正模型、严格质量控制算法,构建行之有效的大型建筑物实时自动化精密监测算法模型,同时,针对水库受多路径影响严重这一情况,采用多路径效应消除方法，进一步提升监测精度。

应用能感知水电站大坝表面变形和地下深部变形的北斗一体化自动化测量装置，构建统一时空基准的水电站大坝内外观变形监测，实现"点-线"一体化三维位移的实时自动化监测。北斗一体化自动化测量装置安装于水电站大坝观测点，采用表面北斗/GNSS 技术结合内部多轴变形监测技术，包括内外一体化变形自动化监测技术、北斗/GNSS 数据处理和高精度解算技术、MEMS 传感器的标定校准算法技术，感知水电站大坝地表表面变形和地下深部变形，实现基于统一时空基准的内外一体化变形的智能采集和分析。地下变形监测链包括多个埋设于地下的变形监测单元，地面变形监测组件包括北斗/GNSS 天线、仪器测量单元模块、供电模块和无线通信组网模块。通过表面位移与深部位移之间的相互校核，可实现基于统一时空基准的地下地表一体自动化联测。

4. 变电站作业人员行为安全管控

为了解决当前变电站作业中所面临的现场作业安全和人员到位情况管控难的痛点问题，避免安全事故的发生，构建了基于北斗定位的变电站作业人员行为安全管控应用系统。利用先进的三维激光扫描技术对变电站进行三维建模，构建三维数字地图，并利用 UWB+电力北斗地基增强系统技术，实现变电站室内外高精度定位要求，将北斗智能手表与电力工作票相关联，通过配戴北斗智能手表的方式，实现对变电站作业人员行为进行安全管控。

系统集成数据源、作业前路径规划、异常监控与决策以及数据统计分析四大模块。系统功能架构如图 4.10 所示。

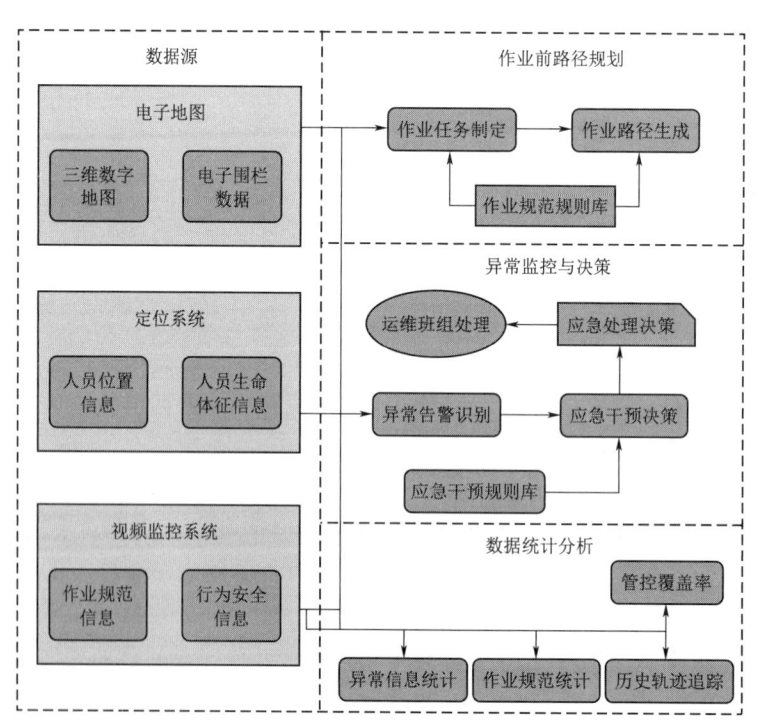

图 4.10 系统功能架构图

（1）数据源模块主要包括电子地图、定位系统和视频监控系统三个部分，实现变电站三维建模、实时监测作业人员位置、体征信息；实时监控作业人员作业规范和行为安全。

（2）作业前路径规划模块主要的作用是根据变电站作业人员的作业任务做出作业前路径规划，从而生成符合安全生产规定的作业路径，严格限定变电站作业人员的作业路径。

（3）异常监控与决策模块的作用是当变电站作业人员作业存在违规操作时，智能手环立即发出异常告警信号，生产作业指挥人员可以利用系统的视频监控功能调取作业人员违规操作的现场视频，立即远程给出相应的应急干预措施，有效避免安全事故的发生。

（4）数据统计分析模块主要的作用是统计和分析作业人员的异常作业行为和作业规范信息，能大大提高安全监管部门的管控覆盖率。

5. 基于北斗短报文的应急抢修通信

当施工作业现场、应急抢修、线路巡检出现突发事件时，在无公网通信的情况下，应急抢险人员可以利用北斗短报文终端通过北斗短报文服务发送求救信息、灾损信息或应急抢险一线情况等到应急指挥中心。应急指挥中心实时掌握现场情况，做出及时有效的响应，提高灾中风险评估和应急事件处理效率，增强突发事件处理应对能力。

6. 基于北斗短报文通信技术的电网覆冰监测预警

基于北斗短报文通信技术的电网覆冰监测预警系统结构如图 4.11 所示，将北斗短报文通信终端直接与输电线覆冰在线监测装置相连，在无公网通信的地域，利用北斗短报文通信技术，实现现场数据采集回传覆冰监测主站，实现全区域北斗短报文数据同步。北斗通信服务器部署在安全缓冲区，通过正反向隔离装置后，进入安全区内，与覆冰监测业务主站交互数据。

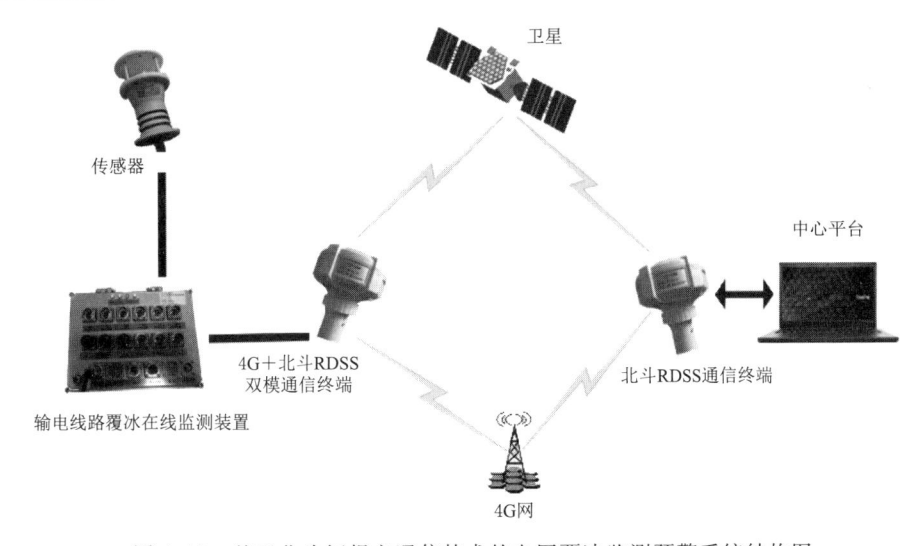

图 4.11 基于北斗短报文通信技术的电网覆冰监测预警系统结构图

7. 基于北斗短报文通信的输电线路接地线实时监测

利用北斗短报文通信功能保证现场接地线状态数据的可靠传输，通过深度学习算法等技术构建接地线状态实时监测系统，通过移动终端向作业人员实时反馈异常状态报警，实现不同工作环境下接地线的远程化、实时化、全过程监测，从而有效提升作业现场安全性与管控效率。

通过北斗系统的定位功能,实现接地线从出库、挂设到拆除、归库全流程追踪,避免发生接地线未挂、误挂及漏拆情况;通过北斗系统的短报文通信功能,采集流过每一条接地线的感应电流值,远程即可快速检查卫星覆盖范围内所有接地线状态;监测装置可根据需要每1~5min发送1次感应电流数据,若接地线处于异常状态,系统能在3s内完成异常分析并报警,有效杜绝线路感应电伤害。同时,监测频率可根据节省电量需要调整。接地线实时监测系统工作过程如图4.12所示。

(a)接地线挂设 　　(b)后台监测

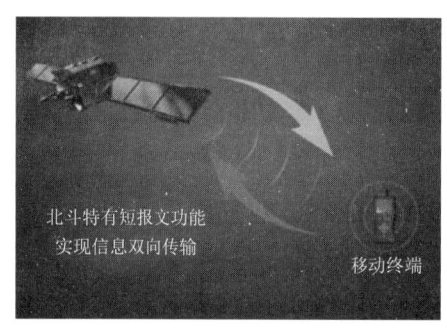

(c)短报文传输 　　(d)出现异常报警

图4.12　接地线实时监测系统工作过程图

一体式感应电流监测装置结构如图4.13所示,一体式感应电流监测装置集成度高,体积小,拆装方便,适用性强,可直接安装在接地线软铜线上,利用感应原理采集流过接地线的感应电流值。装置采用通用性卡口设计,适用于不同电压等级输电线路接地线。

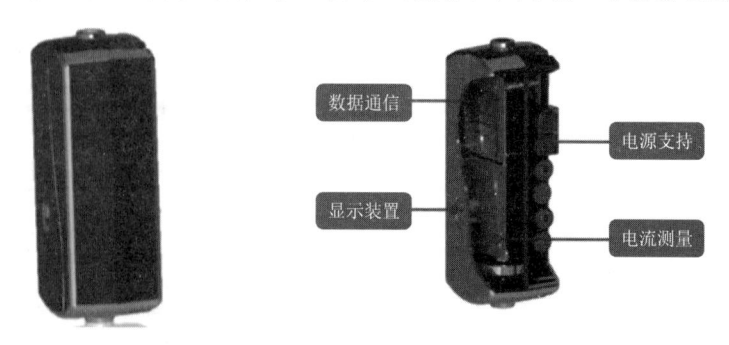

图4.13　一体式感应电流监测装置结构图

8. 北斗无人船助力海缆运维

2022年5月19日，国网某市供电公司在建全国首个35kV多端柔性低频输电示范工程海底复合电缆正式接通，构建了陆地－海岛－风电互联的新型电力系统，随着其中复合光缆的熔接成功，也实现了全省所有变电站光缆联网。由于相关海域航运繁忙，海流复杂，给海缆运维带来困难。采用北斗＋探测技术的无人船可有效解决这一难题。

北斗无人船示意如图4.14所示，采用模块化设计，内置了北斗卫星定位、通信传输模块。船体前后安装了定位定向天线，通过无线通信技术传输电力北斗服务信号，实现对无人船的厘米级定位精度。通过与船体内测深声呐的联合作业，获取海底精确地形数据。

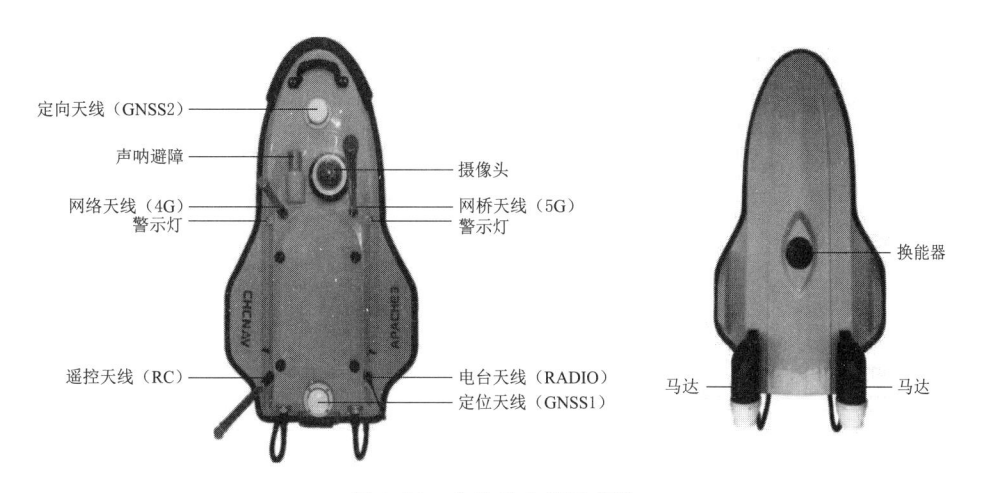

图4.14 北斗无人船示意图

同时还采用了动态后处理（Post Processed Kinematic，PPK）测量技术。在一定的有效距离范围内，在测量工作区适当位置处架设一台或者多台基准站接收机，再使用至少一台北斗/GNSS接收机作为流动站在作业区域进行测绘，由于同步观测的流动站和基准站的卫星钟差等各类误差具有较强的空间相关性，观测结束以后在计算机中利用北斗/GNSS处理软件进行差分处理，根据电力北斗基准站的位置即可解算出流动站待测点的精确坐标。PPK测量技术有助于无人船网络信号不佳的偏远位置实现高精度定位。

供电公司使用北斗无人船对低频输电海底复合电缆进行运维排查，探索海域的泥沙冲刷规律，将海缆裸漏、断裂的风险降至最低。而在发生锚害事故后，也可通过北斗定位技术和海底测深的结合，精准定位海缆故障位置，从而缩短修复时间、降低人员安全隐患。该技术路线安全可以拓展复制到其他海缆运维场景中去。北斗无人船助力海缆运维如图4.15所示。

图4.15 北斗无人船助力海缆运维图

4.2.2 产品及其应用

4.2.2.1 北斗高精度定位仪

1. 产品的主要功能及性能指标

北斗高精度定位仪（SG-PCM014）是针对现有配网采集手持终端设备推出的，支持室外 RTK 厘米级精准定位和 WiFi 热点扫描，可以通过蓝牙将定位数据传输给思极地图定位引擎组件，由思极地图显示和记录终端的精准位置，并提供给业务应用 App。

（1）主要功能：

1）支持厘米级高精度定位。

2）支持 WiFi 辅助定位。

3）支持蓝牙低能耗（Bluetooth Low Energy，BLE）数据传输。

4）具备智能模式超长待机：智能检测工作状态，节能待机。

5）支持单点定位和轨迹定位。

6）支持多种固定方式：外挂、口袋多种选配配件。

7）无缝衔接思极地图引擎。

（2）主要性能指标见表 4.4。

表 4.4　主要性能指标

类型和通道	支持 BDS B1I、GPS/QZSS L1C/A	防护等级	IP63
定位精度	单点定位：小于 3.0m RTK：20cm ± 1ppm（水平方向） 40cm ± 2ppm（垂直方向）	WiFi	内置 WiFi 芯片，用于室内辅助定位
RTK 初始化时间	小于 20s	BLE	支持 BLE 4.2
数据输出	NMEA 0183 V4.1	续航时间	8h 以上
重量	小于 100g（以实际为准）	接口	Type C 充电接口
尺寸	30mm×30mm×78mm	天线	螺旋天线
工作温度	−20~60℃	按钮	开关机按钮 1 个
湿度	0~95%	指示灯	1 个指示灯，通过不同颜色闪烁提示 BLE、GNSS、电量工作状态

2. 产品照片

SG-PCM014 北斗高精度定位仪如图 4.16 所示。

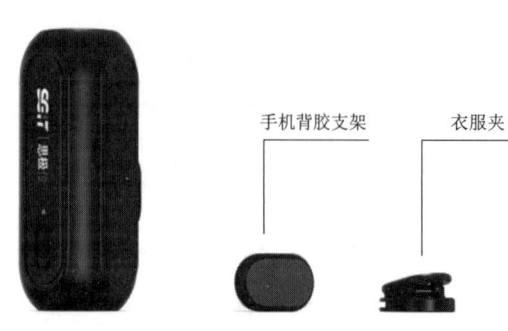

图 4.16　SG-PCM014 北斗高精度定位仪图

3. 应用案例

目前，北斗高精度定位仪在国网某省公司配网巡检线路开展试点应用，在定位速度、位置信息和轨迹记录等方面都有明显提升，基本可以将定位速度提高到 1min 左右，定位仪精度从 3~5m 提升至 1m 以内，大大提高了配网巡检线路中地理坐标采集的准确性。

4.2.2.2 北斗无人机定位终端

1. 产品的主要功能及性能指标

北斗无人机定位终端支持 BDS、GPS、GLONASS 三系统，具有抗干扰能力强、定位精度高、续航时间长、体积小巧等优势。与此同时，北斗无人机定位终端还内置了低功耗、高精度的陀螺仪，可以监测无人机的速度和姿态，为无人机的安全作业保驾护航。通过网络通信，可以实时将无人机的经纬度、高程、姿态信息等回传至管理平台，实现飞行轨迹管理、空域飞行管理以及特殊情况下的无人机搜救。

（1）主要功能：

1）支持 BDS、GPS、GLONASS 三系统，精度优于 3m。
2）支持输出设备的速度和姿态信息。
3）翻盖式 SIM 卡座设计，保障振动状态下通信正常。
4）小巧便携，绑带及魔术贴设计，易于安装。
5）大容量电池低功耗设计，长续航工作。
6）设备颜色选用亮眼橙色，便于搜寻查找。

（2）主要性能指标见表 4.5。

表 4.5 主 要 性 能 指 标

信号跟踪	BDS+GPS+GLONASS	陀螺仪精度	3%（25℃）
定位精度	优于 3m	尺寸	55mm（高）×40mm（宽）×22mm（厚）
通信方式	4G	重量	不大于 45g
工作电压	3.3～4.2V DC（内置电池）	GNSS 天线	内置
工作功率（典型值）	小于 1.5W @4.2V DC	LTE 天线	内置
静态电流	小于 50μA	SIM 卡	翻盖式
工作时长	默认 1s 数据回传频率，持续使用大于 8h；回传频率 1s～10min 可调，最高使用可达 48h	安装方式	魔术贴或绑带
电池容量	1000mAh	防护等级	IP67
充电电源	DC：5V/1A	工作温度	−10～55℃
充电接口	Type-C	存储温度	−20～60℃
充电时长	2.5h	湿度	95%非冷凝

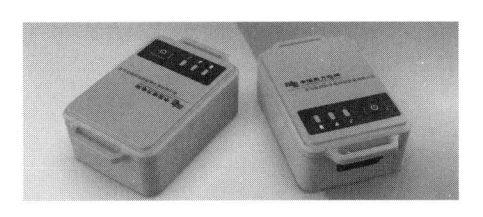

2. 产品照片

北斗无人机定位终端图如图 4.17 所示。

3. 应用案例

目前北斗无人机定位终端已在超高压输电巡检组开展试点应用。巡检组常用机型为大疆精灵 4 RTK 和经纬 M300 RTK，将北斗无人机定位终

图 4.17 北斗无人机定位终端图

端安装于机体背部或起落架侧柱上，通过专用 APN 卡，将经纬度、高程、卫星颗数、姿态、电量信息以 2s 的频率回传至机巡空域平台，回传频率支持远程修改。实现了无人机巡检作

业的全流程安全管理。

4.2.2.3 杆塔位移监测终端

1. 产品的主要功能及性能指标

杆塔位移监测终端采用 Linux 操作系统,搭载着 CotexA8 平台,原始数据输出频率可达 20Hz,定位数据输出频率可达 20Hz,可授权 50Hz。采用铝合金材质、机柜式设计,军工级防护设计,IP67 防护等级,适应各地高低温、干湿度差异较大的野外恶劣环境。以输电杆塔为监测对象,安装于输电线路杆塔塔基上,通过网络通信将观测原始数据回传后台,后台将监测终端和基准站的数据联合解算,实现杆塔位移沉降毫米级变化监测,通过预测塔基滑动的边界条件、规模滑动方向、发生时间及危害程度,及时采取措施,以尽量避免和减轻灾害损失,为安全监测与管理决策提供支持,确保电力铁塔的安全运行。

(1) 主要功能:

1) 多星多频 GNSS 信号跟踪,全面兼容北斗三号系统。

2) 极低噪声,GNSS 载波相位测量精度优于 1mm。

3) 支持 LAN、4G、WiFi、蓝牙、串口、USB 等丰富的通信模式。

4) 具备 RS232 数据通信接口、USB 接口和 LAN(网络接口)接口和 2 个电源接口,以便进行和气象仪、倾斜仪等通信设备连接和大量数据下载。且 RS422/RS485 为带隔离并同时兼容半双工和全双工两种模式。

5) 具备自我诊断,自我修复功能。

6) 软件控制衰减天线增益。

(2) 主要性能指标见表 4.6。

表 4.6 主 要 性 能 指 标

信号跟踪	BDS:B1、B2、B3(B1I/B2I/B3I,B1C/B2a); GPS:L1、L2、L5; GLONASS:L1、L2; Galileo:E1、E5a、E5b
定位精度	动态相对定位精度: 平面:$\pm(8+1\times10^{-6}D)$ mm; 高程:$\pm(15+1\times10^{-6}D)$ mm。 说明:D 为距离北斗基站的距离,即距离每增加 1km,精度降低 1mm
差分电文	RTCM3.0 \ RTCM3.2
内存空间	256MB
数据存储	64GB
网络	联通/移动/电信 4G
数据业务	TDD-LTE:B38/B39/B40/B41; FDD-LTE:B1/B3/B8; TD-SCDMA:B34/B39; DC-HSPA+/HSPA+/HSPA/WCDMA:B1/B5/B8/B9; GSM/GPRS/EDGE:900/1800/MHz

续表

串行通信	1个RS485接口、2个RS232串口
微气象传感器	支持RS485通信的微气象传感器、倾角传感器
接口	1个大二芯航空插座电源接口；1个大十六芯航空插座接口；1个大十四芯航空插座扩展口；1个RJ45以太网接口；1个SFP光纤接口；2个TNC接口；2个SMA接口；1个标准SIM卡槽；1个TF卡槽
功耗	不大于6.0W
内置电池	16000mAh
重量	不大于2.5kg
尺寸	265mm×158mm×71mm
工作温度	−40～85℃（单独内置电池供电下−25～70℃）
存储温度	−40～85℃
防护等级	IP67
防护特性	静电抗扰等级4 浪涌抗扰等级4 射频电磁场辐射抗扰度等级3 工频磁场抗扰度等级5 脉冲磁场抗扰度等级5
MTBF	不小于22000h

2. 产品照片

杆塔位移监测终端如图4.18所示。

3. 应用案例

杆塔位移监测终端已逐步应用于多省，以某省供电公司为例，选取供电公司某条500kV线路单基杆塔开展杆塔位移监测终端部署施工，设计工艺选用标准监测站建设标准。通过与供电公司北斗基准站联合解算，得到杆塔位移监测终端的毫米级位移偏差。杆塔位移监测终端现场建设如图4.19所示。

图4.18 杆塔位移监测终端图    图4.19 杆塔位移监测终端现场建设图

4.2.2.4 杆塔倾斜监测终端

1. 产品的主要功能及性能指标

利用北斗高精度双天线测姿技术，结合杆塔姿态传感器，通过无线专网通信对输电铁

塔姿态进行全天候自动监测，并将监测数据回传至后台系统，进行杆塔倾斜状态的实时研判和精准定位，为运检人员进行输电线路杆塔检修提供数据支撑。

(1) 主要功能：
1) 支持北斗高精度测姿。
2) 集成姿态传感器。
3) 支持北斗短报文通信。
(2) 主要性能指标见表 4.7。

2. 产品照片

杆塔倾斜监测终端图如图 4.20 所示。

3. 应用案例

表 4.7　主要性能指标

定位精度	单点定位：优于 5m RTK 定位：优于 10cm
倾斜角度测量范围	双轴±15°
角度测量精度	0.05°
数据采样频率	1 次/min

杆塔倾斜监测终端已在国网多个网省公司进行了部署应用，实现了对输电线路铁塔的实时在线监测，对倒塔事故进行了有效预警。杆塔倾斜监测终端现场应用如图 4.21 所示。

图 4.20　杆塔倾斜监测终端图

图 4.21　杆塔倾斜监测终端现场应用图

4.2.2.5　地质灾害监测终端

1. 产品的主要功能及性能指标

产品（SG-PMS101）基于国家电网建立的电力北斗地基增强系统，用于在地质不稳定区的杆塔附近建设监测站，将监测得到的卫星观测数据通过 4G 网络通信方式实时发送至监测平台解算，实现对监测站位置事后毫米级的解算结果，并对输电线路地质灾害、变电站地基沉降、后勤建筑楼宇不均匀沉降等异常情况进行预警。

(1) 主要功能：
1) 支持北斗三号系统等多系统多频点卫星导航信号体制。
2) 支持高质量 RTCM3.x 原始观测量的输出。
3) 支持毫米级 GNSS 解算和 RTK 解算。
4) 内置加速度和倾角传感器。
5) 支持 4G+WiFi 通信，并可扩展 LoRa、NB-IoT 通信。

(2) 主要性能指标见表 4.8。

2. 产品照片

地质灾害监测终端图如图 4.22 所示。

3. 应用案例

该产品已在国网某省电力公司地质灾害监测中应用，布设在电力传输线路经过的地质复杂多变区域。设备功耗低，采用太阳能供电方式，安装便捷。

表 4.8　主要性能指标

静态相对定位精度	水平：±（2.5mm+1ppm）RMS 垂直：±（5mm+1ppm）RMS
平均功耗	1.7W
工作温度	−40~85℃
接收信号灵敏度	捕获灵敏度：−146dBm 跟踪灵敏度：−160dBm
防护等级	IP67

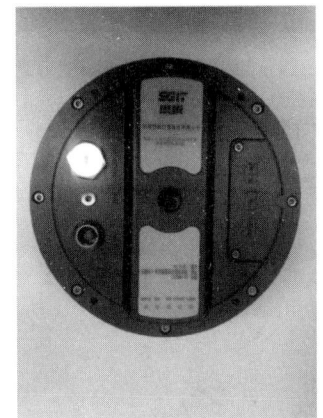

图 4.22　地质灾害监测终端图

4.2.2.6　北斗短报文手持对讲终端

1. 产品的主要功能及性能指标

北斗短报文手持对讲终端应用于无公网环境下电力巡检或应急抢修作业通信。支持北斗 RDSS/RNSS 功能，具备北斗短报文通信、位置上报、应急报警以及蓝牙无线连接等功能，可以通过手机、平板电脑等设备蓝牙连接后配合 App 实现短报文的上送。户外使用过程中，支持短距离无线对讲，实现对讲机功能。

(1) 主要功能：

1) 支持北斗 RDSS 短报文，双向定位功能。

2) 无线对讲功能，数字对讲机。

3) 支持位置上报功能。

4) SOS 一键救援模式。

5) 蓝牙无线连接手机、平板等交互式终端。

6) 大容量锂电池 5000mAh，长效续航。

7) 工业设计，IP67 防护等级。

(2) 主要性能指标见表 4.9。

表 4.9　　　　　　　　　　　　主 要 性 能 指 标

RNSS 频段	B1/L1	SIM 卡槽	北斗专用 SIM 卡
RNSS 灵敏度	不小于－133dBm	Micro USB 接口	充电、固件升级
RNSS 定位精度	不大于 10m	重量	不大于 200g
RNSS 冷启动时间	50s	电池容量	5000mAh
RNSS 热启动时间	10s	工作温度	－20～70℃
RNSS 刷新率	1Hz	存储温度	－20～70℃
RDSS 频率	L、S 频点	防护等级	IP67
RDSS 短报文成功率	不小于 95%	开机待机时间	不小于 24h
蓝牙	支持蓝牙 4.0		

2. 产品照片

北斗短报文手持对讲终端图如图 4.23 所示。

图 4.23　北斗短报文手持对讲终端图

3. 应用案例

南方电网各级单位均按照南网总调 2014 年关于印发《南方电网电力通信应急功能规划技术原则》的通知配置北斗短报文应急通信终端，户外应急抢修小组配置终端类型多为北斗短报文手持对讲终端。北斗短报文通过网、省、地、县各级配置的北斗指挥型用户机回传至各级应急指挥中心，在因灾情或事故发生导致的无公网环境中，可及时将受损设备信息回传，方便后台管理人员及时调度人力制定相关应急措施，增强应急抢修的时效性。目前设备均采用北斗二号系统短报文通信技术，信息传输受到较大的限制。现已开展针对北斗三号系统短报文通信技术的兼容工作，经测试验证除可传输更大篇幅文字信息外，通过编码及压缩处理后，还可传输图片及语音信息。该技术的突破，将大幅提升北斗短报文在电力信息传输的应用效果。

4.2.2.7 设备北斗高精度定位模块

1. 产品的主要功能及性能指标

设备北斗高精度定位模块（M100 GNSS）是针对无人机及高精度车载定位应用自主研发的新一代高精度 GNSS 接收机，支持包含北斗系统在内的主流全球卫星导航系统，可单机实现定位及定向功能。内置以 MEMS 传感器为核心的组合导航系统硬件模块，以应对城市、峡谷、山村等卫星信号易受干扰的环境。精致小巧的结构设计，能够满足各种载体的安装要求。M100 GNSS 接收机可广泛应用于无人机、高精度车载定位、机器人控制、机械控制、精准农业和交通等行业。

(1) 主要功能：

1) 基于 ASIC 芯片设计，自带高性能处理器，运算速度更快。
2) 可单机实现定位及定向功能。
3) 支持 CORS 服务接入和多种服务模式。
4) 内置惯导模块。
5) 支持 BT、4G 全网通信号。
6) 支持 CAN、PPS 和 Event 等功能。
7) 轻巧的结构设计，坚固抗摔。
8) 配以微小体积高效螺旋棒状天线。

(2) 主要性能指标见表 4.10。

表 4.10 　　　　　　　　　主 要 性 能 指 标

信号跟踪	并行通道数：404；BDS：B1，B2；GPS：L1，L2；GLONASS：L1，L2
单点定位精度	单频：水平 ≤3m，垂直 ≤5m（1σ，PDOP≤4） 双频：水平 ≤1.5m，垂直 ≤3m（1σ，PDOP≤4）
RTD 精度	水平：±0.25m（1σ）垂直：±0.50m（1σ）
RTK 精度	水平：± $(10+1\times10^{-6}\times D)$ mm 垂直：± $(20+1\times10^{-6}\times D)$ mm
RTK 初始化时间	小于 10s
初始化置信度	大于 99.99%
测姿精度	航向角：$0.2°/R$（R 为双天线基线长）；横滚/俯仰角：$0.4°/R$
首次定位时间	冷启动＜50s，温启动＜45s，热启动＜15s
信号重捕获	小于 1.5s（快速）小于 3.0s（普通）
数据格式	数据记录格式 CNB、Rinex 等 差分格式支持 CMR、CMR+、RTCM2.x、RTCM3.x 输出格式支持 NMEA-0183、CNB（ComNav Binary）
数据更新率	1Hz、2Hz、5Hz、10Hz、20Hz、50Hz（可选配）

2. 产品照片

设备北斗高精度定位模块如图 4.24 所示。

3. 应用案例

该产品完成了变电站巡检机器人上的安装。通过接入南方电网电力北斗地基增强系统，为巡检机器人提供高精度导航服务。实现了南方电网首次应用地基增强服务支撑变电站巡检器人 220kV 试验站自主巡检测试。设备北斗高精度定位模块应用图如图 4.25 所示。

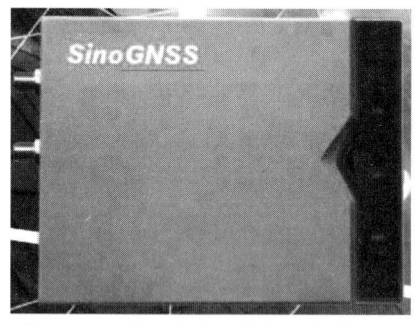

图 4.24 设备北斗高精度定位模块图

图 4.25 设备北斗高精度定位模块应用图

4.3 北斗在电力营销方面的应用成果

4.3.1 解决方案及其应用

1. 用电信息采集

在电力营销方面，将北斗短报文通信技术应用于用电信息采集上。利用北斗短报文技术实现无公网通信环境下的数据传输，消除用电信息采集盲区。北斗短报文通信模块采用与现有用电信息采集终端的 GPRS/4G 公网远程通信模块同样的接口设计，可以直接实现北斗短报文通信模块的替代，即插即用，提升用电信息采集设备的成功率，提升计量业务水平和能力。

2. 营配全业务融合管控微应用

基于电力北斗服务的营配全业务融合管控微应用，是一款为各级管理人员和台区经理所打造的具有"便捷化移动应用、立体式指标分析、全景式业务监控、可视化量化考核、智能化综合查询",同时基于北斗精准位置服务实现智能化终端高精度定位的数字化支撑应用。

应用汇集多个业务平台的系统数据,融会贯通营配专业多项业务流程,主要以北斗系统技术为基础,将终端通信、数据处理、数据分发、实时数据访问等服务有机结合。针对传统配电业务发展需要,积极打造以北斗精准位置服务和全方位地理信息为基础支撑,涵盖基础设施建设、物联标准统一、服务总线搭建、营配业务应用的精准时空服务体系。应用结合营配业务具体需求,对授时授频设备、位置服务设备、短报文设备等各类型北斗终端及基站进行设备接入、监控和管理,同时实现营销高(低)压数据、营销服务数据、智能感知设备数据等的接入、监控、结算、存储转发及消息推送等功能,对营配智能化终端设备提供统一的授时授频服务、短报文通信服务及高精度位置服务。

应用主要包括管理人员看板、台区经理看板、流程工单管理、外包人员管理四大功能板块以及计量资产管理、计量表计转接管理、现场作业安全管理、营配数据管理等业务板块。

(1) 服务端功能图如图4.26所示,具体包括:

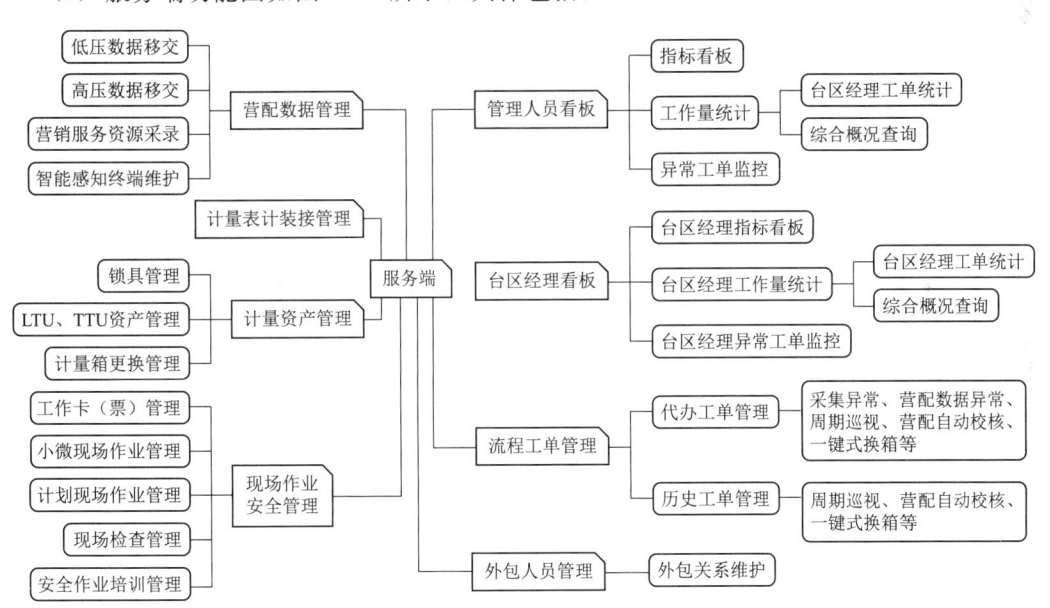

图4.26 服务端功能图

1) 集成营销、采集、PMS、电网GIS等数据,通过北斗卫星定位等服务为管理人员提供不同维度可视化监控以及指标,直观展示电网资源,发现故障及时定位整改,通过终端及时更新展示,再造营销数字化管理新模式。

2) 利用智能感知设备,利用电力北斗精准位置服务网,即电力北斗地基增强系统提供的位置服务功能,实现对"变-线-站-户"中位置关系的校核。

3) 通过电力北斗精准位置服务实现基础数据只随现场实时采集变化,而不随系统调整而变更,达到实时数据与现场数据保持一致的目的。

4）现场巡视，位置跟踪，人员、设备及故障排查等定位信息在线移交，实现全过程巡视任务精准定位、及时跟进和精益化管控。

5）利用图像识别、地图服务等技术，打造工作卡、小微作业现场、作业计划、现场检查、安全作业培训管理五大功能，解决营销现场作业分散、点多面广、新型业务多、客户侧作业环境复杂等难管理问题，满足管住计划、管住队伍、管住人员、管住现场的工作要求。

（2）移动端功能如图 4.27 所示，具体包括：

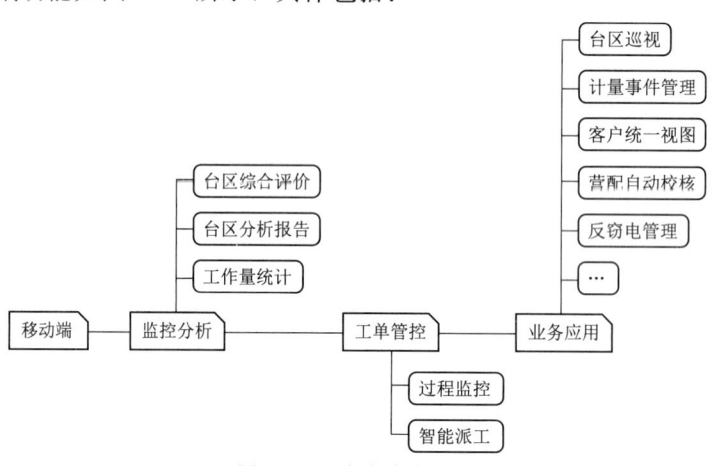

图 4.27 移动端功能图

1）汇集营销、采集系统、采集闭环等业务系统数据，通过大数据分析进行全方位诊断，利用电力北斗精准位置服务网提供的服务，实现异常信息设备精准定位（厘米级），方便后续故障排查等工作开展。

2）分析营销全业务数据，利用电力北斗精准位置服务网提供的服务，实现台区电网资源管控可视化，打造"一台区、一指标"，明晰台区痛点、难点问题，实现台区智慧化、可视化管理。

3）采用新研发的融合型新型移动作业终端，该终端具备高精度（厘米级）定位，激光定点红外通信、电力红外通信、高频 RFID 读写、超高频 RFID 读写、售电卡读写、红外扫码、高清图像采集、8 寸高清大屏、4G 全网通通信、蓝牙通信、USB 通信、ESAM 芯片和国网加密安全单元等配置。

4）营配数据在线移交，快速定位异常并在线整改。实时与系统进行交互，确保数据的及时性和准确性。

5）实现无纸化作业，提升一线作业人员工作质效。

6）通过线上工作卡形式，提升现场作业质量，实现现场作业安全、质量综合管控。

4.3.2 产品及其应用

4.3.2.1 北斗短报文计量集抄模块

1. 产品的主要功能及性能指标

北斗短报文计量集抄模块应用于电力营销中无公网地区计量数据采集，设备由嵌入式通信模块、室外天线、连接电缆等3部分组成，嵌入式通信模块在外形结构尺寸和接口信号定义方面能够完全兼容现有标准计量自动化终端上的4G通信模块，实现用户电力计量数据的转发。可以选配蓝牙二合一功能，让同一个台区的监测终端和集中器共用一个北斗天线和北斗卡，能有效降低成本和现场施工工作量。

（1）主要功能：

1）支持北斗短报文通信。

2）安装操作简单、即插即用、可不断电安装，维护成本低。

3）支持标准AT指令集及终端协议栈指令集，直接适用各主流品牌的电力计量自动化终端。

4）支持上位机查询和异常主动上报。

5）支持标准电力计量自动化终端接口和工作电压，不需外接电源。

6）支持北斗米级定位。

7）支持北斗本地微秒级授时。

8）支持与计量自动化终端之间的热插拔功能。

9）可选配蓝牙模块以实现配变集抄二合一功能。

10）支持Q/CSG 1209023—2019《计量自动化终端远程通信模块接口协议》和数据透传两种工作模式自动切换。

（2）主要性能指标见表4.11。

表4.11　　　　　　　　　主　要　性　能　指　标

北斗短报文通信成功率	不小于99%（实验室环境）
定位精度	不大于10m
天线直流供电电压	8~12V
天线瞬态发射电流	不大于2.5A
工作温度	−20~70℃
存储温度	−40~85℃
工作湿度	95%（温度+45℃）
平均故障间隔时间	不小于5000h
安装方式	嵌入式模块无缝插入集中器远程通信模块的位置，天线通过金属抱箍和安装支架固定

2. 产品照片

北斗短报文计量集抄模块如图4.28所示。

3. 应用案例

北斗短报文计量集抄模块在某省电网多个供电公司已大量布设，用于公网盲区的计量数据传输。目前采用北斗二号系统短报文通信技术，每个终端配备1张北斗短报文卡，数据发送频率按照各供电公司的业务要求分为15min/10min/1min等。天线的安装选择对天环境空旷、向南的位置。以集中器为例，通过金属抱箍和安装支架固定在电线杆上。通过北斗短报文计量集抄模块的应用，提高了基层抄表效率和用采数据准确率，有效降低了供电故障率，提升了营销数据管理水平。北斗短报文计量集抄模块现场应用如图 4.29 所示。

4.3.2.2 电力营销北斗授时定位终端

1. 主要功能及性能指标

电力营销北斗授时定位终端（SG-DHS002）是针对电网营销台区领域用采应用推出的一款专业设备，该产品具备秒级授时和米级定位能力（高配版也支持 RTK 厘米级定位），可为集中器提供高精度高可靠时间服务和定位服务，提升集中器时间准

图 4.28 北斗短报文计量集抄模块图

确度与可靠性。该产品集成度高、性价比高，采用外置 GNSS 天线，内置 GNSS 高精度定位模组。

图 4.29 北斗短报文计量集抄模块现场应用图

（1）主要功能：
1) 支持 BDS/GPS/QZSS 多星单点定位。
2) 支持北斗纳秒级授时。
3) 采用 220V 交流市电供电。
4) 支持 RS485 通信。
5) 上行通信协议支持 698、1376.1。
6) 支持时间、位置数据上报。
（2）主要性能指标见表 4.12。

2. 产品照片

电力营销北斗授时定位终端如图 4.30 所示。

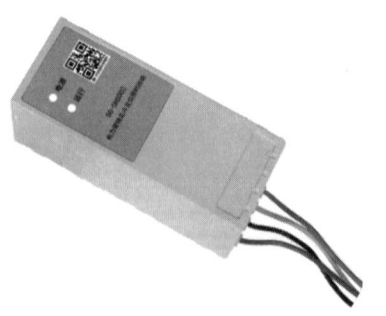

图 4.30 电力营销北斗授时定位终端图

3. 应用案例

该产品可每小时为集中器提供精准北斗时间，保证集中器的时间稳定可靠。同时，为集中器开启每日本地广播校时权限，实现对电能表每日时间校准。即，电能表每日可允许偏差在 5min 内，每 15 天可允许偏差在 75min 内，可偏差范围提高了 15 倍，极大地降低了因电表时钟偏差造成的换表数量。

表 4.12　　　　　　　　　　主 要 性 能 指 标

卫星导航频段	BDS：B1I GPS/QZSS：L1C/A	通信	通信方式：RS485 协议规约：698、1376.1
定位精度	单点：水平 3m，垂直 5m	环境适应性	工作温度：-20~60℃ 存储温度：-40~85℃ 工作湿度：95%无凝露
时间特性	初始化时间：10s 热启动时间：不大于 1s 冷启动时间：不大于 32s	尺寸	101mm×50mm×40mm
授时精度	1PPS：优于 100ms 输出时间精度：1s	重量	80g
		防水防尘等级	IP51

4.4　北斗在电力调度控制方面的应用成果

4.4.1　解决方案及其应用

1. 配电网 FTU 数据传输应用

在电力调度控制方面，开展基于北斗短报文通信技术在配电网馈线终端装置（Feeder Terminal Unit，FTU）"三遥"数据传输应用，可以有效解决电网通信网络的补盲问题以及应急通信问题。通过配网终端专用融合北斗定位功能的短报文数传终端模块，无缝匹配现有配电网 FTU 终端产品使用。将短报文数传终端模块嵌入到现有配电网 FTU 终端中，接入固定在电线杆上的北斗有源天线。通过北斗短报文数据传输技术，在现有 FTU 终端与配电网主站之间建立数据通信链路，完成配电网"三遥"数据的上传，保障配网数据正常运营。

2. 电力系统北斗授时闭环监测管控

以北斗授时技术为基础，通过采用基于卫星轨道自学习算法，自拟合输出时间信息，消除了外部离散抖动，实现了秒脉冲的稳定输出；通过采用基于层次分析法的多源判决方法，避免了时间源硬切换导致时钟输出秒脉冲相位抖动和跳变，实现了外部时源的无缝切换。从而解决了时钟装置授时输出稳定性、多时间基准源无缝切换以及被授时系统和设备无闭环监测的问题。同时，采用主厂站授时与监测一体化解决方案，实现了从厂站时钟可靠授时与闭环监测，到数据信息上送调度主站分析和展示的应用。电力系统北斗授时闭环监测管控系统总体架构如图 4.31 所示。厂站授时闭环监测系统架构如图 4.32 所示。

3. 电力智能变电站时钟同步

电力智能变电站采用全厂统一时钟装置，实现对全厂的各系统和设备对时。主时钟采用双机冗余配置，完成北斗、GPS 卫星信号的接收、处理及向时间扩展设备提供标准同步时间信号（RS422 电平方式 IRIG-B）。每台主时钟同时具有接收另一台主时钟的 IRIG-B 时间信息功能，达到两台主时钟之间能够互为备用。正常情况下，主时钟的时间信号接收单元独立接收北斗、GPS 卫星发送的时间基准信号；当某一主时钟的时间信号接收单元发生故障时，该主时钟能自动切换到另一台主时钟的时间信号接收单元接收到的时间基准信号，实现时间基准信号互为备用，切换时间小于 0.5s，切换时主时钟输出的时间同步信

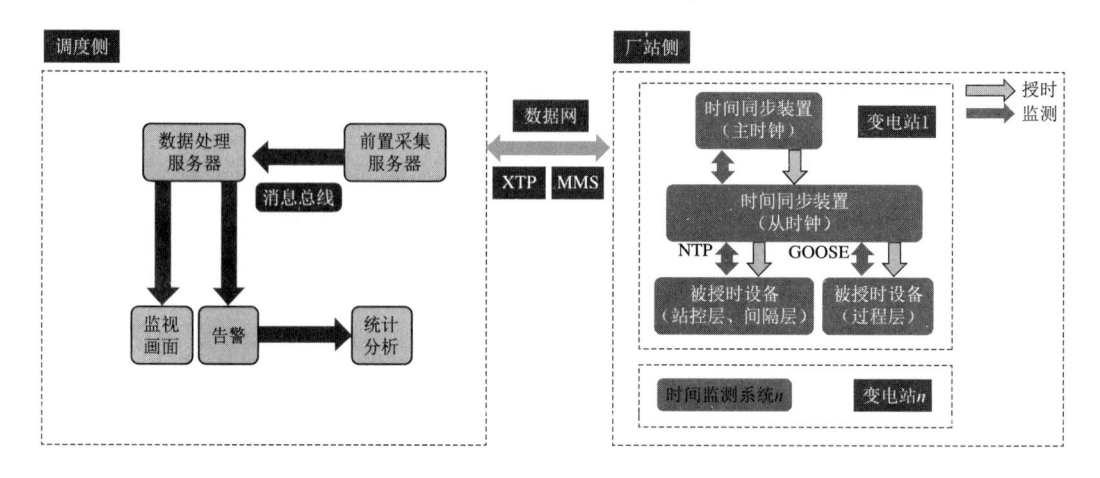

图 4.31　电力系统北斗授时闭环监测管控系统总体架构图

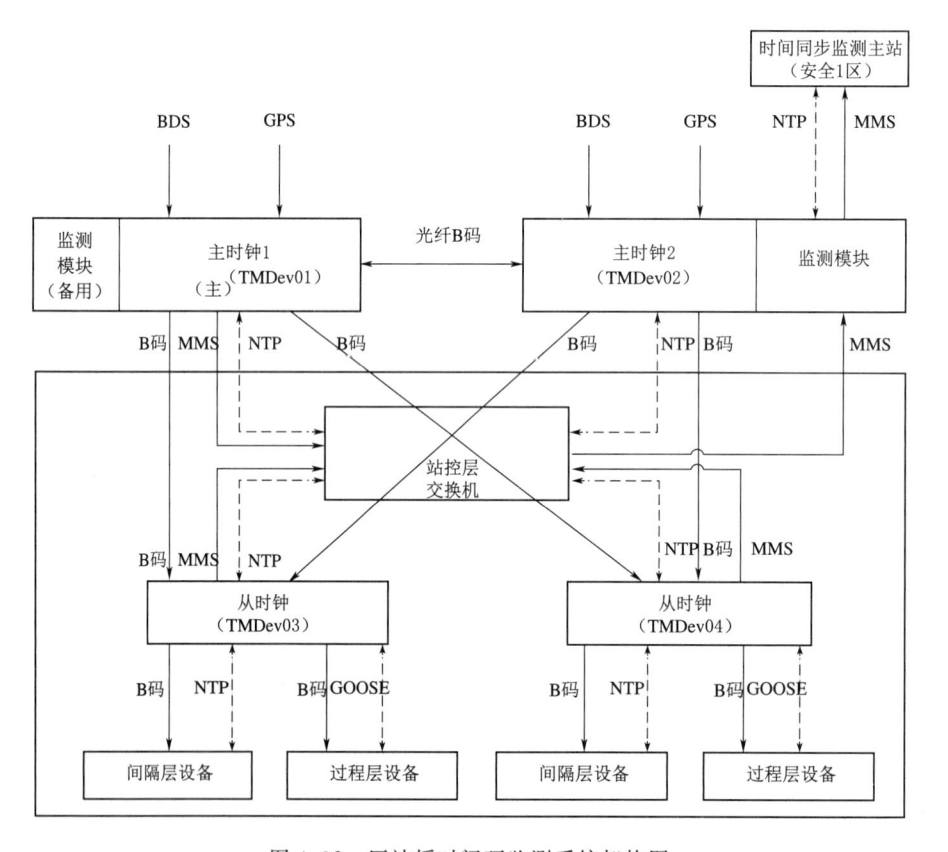

图 4.32　厂站授时闭环监测系统架构图

号不会出错。其他小室配置扩展时钟，通过接收主时钟的 IRIG-B 码信号的接收、处理，再给其他设备对时。生产控制系统的后台计算机采用 NTP 方式对时，测控和保护等设备采用 IRIG-B 码、秒脉冲对时方式。

主时钟与时间扩展设备之间采用光纤连接，以 IRIG-B 来传送时间信息。信号扩展装置的时间基准信号输入包括两路 IRIG-B 输入。当信号扩展装置只接一路 IRIG-B 输入时，该路输入可以是 IRIG-B 输入 1，也可以是 IRIG-B 输入 2。信号扩展装置接入两路 IRIG-B 时码输入时，以 IRIG-B 输入 1 作为该扩展装置的外部时间基准，IRIG-B (DC) 输入 2 作为后备。扩展时钟向故障录波装置、继电保护装置、机组控制系统 (DCS) 等提供对时信号接口。同时扩展时钟还可提供 2~4 个 NTP 网络接口，以满足 MIS 及 SIS 等系统的网络对时需要。

电力智能变电站时钟同步系统由主时钟、时间信号传输通道、时间信号用户设备接口（扩展装置）组成。主时钟一般设在电厂的控制中心，包括标准 3U 机箱、接收模块、接收天线、电源模块、时间信号输出模块等。

4. 小水电调度自动化应用

由于小水电都处于比较偏远的山区，其通信通道一直是难以解决的传统问题，因此小水电一直以来都存在盲调运行的问题，给小水电电源并网发电带来很大不便。使用北斗系统服务可以实现北斗短报文通信、北斗本地授时，组合应用短报文通信和时频同步后，就能有效解决小水电的数据通信和本地授时及时频同步。这就能够确保小水电具备远程通信通道、标准时频，保障并网发电和调度的实时性和可靠性。因此应用北斗服务，可以彻底解决小水电盲调问题，实现高效并网发电。

针对小水电电源较多的省份，采用标准化小水电北斗通信及时频同步应用，将能够有效实现小水电通信畅通下的计量准确和时频同步，还能对小水电蓄水情况进行实时检测和上报，并可实现蓄水量预测发电可靠性的精准预测，对实现区域小水电调度自动化，高效数据同步和新能源并网发电具有重要的现实意义。某省电网已经立项实施山区小水电北斗组合应用项目，定型相关北斗短报文通信及本地授时时频产品，将为规模化小水电站提供可靠的通信通道及时频标准，为消除小水电盲调提供切实有效的技术和产品保障。

4.4.2 产品及其应用

4.4.2.1 FTU 标准嵌入式北斗通信装置

1. 产品的主要功能及性能指标

FTU 标准嵌入式北斗通信装置由嵌入式通信模块、多通道天线、RS422 数据电缆等 3 部分组成。具备北斗短报文通信功能、北斗定位功能以及北斗授时功能，能够在无公网环境下通过北斗短报文通信技术传输电力"三遥"数据，可将定位数据回传用于电力资产管理，可以实现 FTU 设备本地授时，确保故障信息时间精准。设备集成度高、功耗低、通信成功率高，可广泛应用于偏远地区、作业困难、无人监控管理区域，通过北斗短报文上传 FTU 遥测数据、遥信数据以及下发遥控指令。

（1）主要功能：

1) 具备北斗短报文通信功能。

第 4 章 电力北斗应用创新成果

2) 具备北斗定位功能。
3) 具备北斗授时功能。
4) 支持北斗短报文通信和 GPRS/4G 通信双模并行。
5) 支持北斗短报文多通道信号处理功能,实现多通道信号收发处理。
6) 支持电力配电网 DL/T 634.5101 通信规约。
7) 具备电力配网 FTU 数据压缩以及信源加密,实现数据加密传输。
8) 具备防盗功能,当位置发生移动时可自动报警。
9) 具备 RS422 远距离数据通信接口,可实现终端/模块与天线远距离传输。

(2) 主要性能指标见表 4.13。

表 4.13 主要性能指标

北斗短报文通信成功率	不小于 99%(实验室环境)	工作温度	−20~70℃
定位精度	不大于 10m	存储温度	−40~85℃
授时精度	不大于 100ns	通信通道	最大支持 8 个北斗短报文物理通信通道
天线直流供电电压	8~12V		
天线瞬态发射电流	不大于 2.5A	响应时间	不大于 10s

2. 产品照片

FTU 标准嵌入式北斗通信装置如图 4.33 所示。

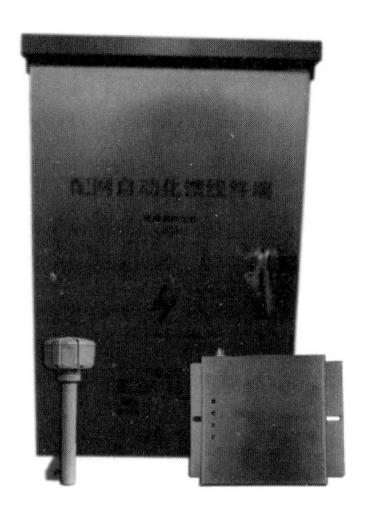

(a) 箱式　　　　　　　　　　(b) 罩式

图 4.33　FTU 标准嵌入式北斗通信装置图

3. 应用案例

FTU 标准嵌入式北斗通信装置已于多地开展应用,形态可选择箱式 FTU 或罩式 FTU,目前采用北斗二号系统短报文通信技术,每个终端按照实际数据通信需求配备北斗短报文卡,天线的安装选择对天环境空旷、向南的位置,通过金属抱箍和安装支架固定在电线杆上。实现无公网区域"三遥"数据传输,消除配网自动化数据盲区。

4.4.2.2 配电网 FTU 北斗短报文通信终端

1. 产品的主要功能及性能指标

产品（JW211、JW311）基于北斗三号短报文通信技术，具备高带宽数据传输能力和低功耗特性，兼容 101 及 104 规约，可为配电网自动化设备 FTU 或 DTU 提供不良通信环境下的北斗三号短报文通信。

（1）主要功能：

1）为通信信号不良区域 FTU 设备提供北斗短报文通信。
2）一体化集成了导航和北斗短报文通信天线。
3）产品支持 RNSS 定位。
4）自带功放。
5）自带基带与信息处理协议转化。
6）RS485 通信。
7）具备数据缓存。
8）内置储能电容，能有效降低通信时对供电系统的冲击。

（2）主要性能指标见表 4.14。

表 4.14　　　主 要 性 能 指 标

接收信号灵敏度	−127.6dBm
RDSS 发射 EIRP	2～19dBW
RDSS 载波抑制	不小于 30dBc
RDSS 调制相位误差	不大于 3°
通信成功率	不小于 95%
冷启动首捕时间	不大于 2s
失锁重捕时间	不大于 1s
定位精度	水平：不大于 5m 垂直：不大于 10m
测速精度	不大于 1.0m/s
GNSS 首捕时间	冷启动：不大于 35s 热启动：不大于 2s
GNSS 重捕获时间	不大于 2s
GNSS 捕获灵敏度	−144dBm
GNSS 跟踪灵敏度	−159dBm
数据接口	RS232/RS422/RS485（出厂前选配）
主机及电缆接头防水等级	IP65
工作温度	−20～60℃
存储温度	−40～75℃
设备尺寸	ϕ122mm×140mm（不含支杆）
设备重量	不大于 0.7kg（含支杆，不含电缆）

续表

静态功耗	不大于 3.5W
峰值功耗	不大于 36W
工作电压	AC220V/DC12～28V（出厂前选配）
供电电压（直流）	12～24V
工作电流	初始上电工作时约 0.8A（@12V）；静态工作电流约 0.25A（@12V）；北斗通信时不大于 2A（@12V）

2. 产品照片

北斗二号及三号系统短报文通信终端如图 4.34 所示。

3. 应用案例

2021 年已完成 FTU 产品的北斗二号系统短报文通信，2022 年顺利完成 FTU 产品的北斗三号系统短报文通信。

4.4.2.3 北斗/GPS 时频终端

1. 产品的主要功能及性能指标

北斗/GPS 时频终端（XBD120）是一款高性能的支持北斗/GPS 双系统的时间与频率标准产品，其内部集成了高精度北斗/GPS 双系统授时接收机、高稳定度并低相位噪声的恒温晶振（Oven Controlled

图 4.34 北斗二号及三号系统短报文通信终端图

Crystal Oscillator，OCXO），通过精确获取北斗/GPS 卫星导航系统的 PPS 和时间信息，实现本地时间的准确溯源；同时，北斗/GPS 时频终端利用授时接收机输出的精确的 PPS 信号，驯服本地 10MHz 标准频率，从而使设备输出频率标准信号，既具有 OCXO 良好的短期稳定度、中期稳定度以及超低的相位噪声特性，又具有北斗/GPS 卫星导航系统的长期稳定度和频率准确度。

北斗/GPS 时频终端还具备自动锁定外部原子频标并净化外输入原子频率相位噪声的功能。当外接了更高频率准确度的原子频标时，北斗/GPS 时频终端内部高性能模拟锁频锁相环路能够自动跟踪并锁定外输入频标，从而使设备输出的频率信号既具备外参考原子频标的准确度和长期稳定度，又兼具本地 OCXO 的优良短期稳定度和超低的相位噪声特性。

通过超低相位噪声的功率分配器和频率分配放大器，北斗/GPS 时频终端可支持最多 6 路频率标准信号的输出。

北斗/GPS 时频终端同时支持多种授时信号的输入/输出。支持 IRIG-B（GJB-2008 或 IRIG-2004）直流码和交流码授时信号的编码和解码，并可采用平衡、非平衡、TTL、RS232、RS422、RS485 等多种形式输入、输出。通过友好的用户菜单操作界面选择时统源的种类和优先级。当所选定的时统源在线时，锁定并同步本地时间到外时统源上，当因故失锁外时统源时，会根据预先设定的时统源优先级进行切换或切换至内时统守时运行。

北斗/GPS 时频终端支持最多 16 路 IRIG-B（DC）码和 4 路 IRIG-B（AC）码输

出；支持最多2路B（DC）码输入，支持1路B（AC）码输入。支持6路RS232输入/输出，支持8路PPS输出。并行支持8个网络Socket独立通信。支持UDP、TCP/IP网络通信协议、十六进制或ASIIC码时间信息输入/输出、定位信息等。

2. 产品照片

北斗/GPS时频终端如图4.35所示。

（a）正面　　　　　　　　　　　（b）背面

图4.35　北斗/GPS时频终端图

4.5　北斗在电力物资管理方面的应用成果

4.5.1　解决方案及其应用

北斗在电力物资管理方面主要用于重要物资的流转运输监控。电力物资仓库往往存在物资数量多、种类杂乱、难于管理的现象，且现有的物资管理多以人工管理为主，一旦出现一线作业人员急需应用物资而管理人员不在场无法登记的情况，容易导致物资设备丢失或损坏。通过安装物资定位终端，即可结合电子围栏实现物资的自动出入库管理。通过设备实时回传的位置信息开展运输流转全流程轨迹管理，通过振动监测传感器也可以实现运输路途中由于震动导致的设备损坏定责，保障资产安全。

4.5.2　产品及其应用

4.5.2.1　北斗物资定位终端

1. 产品的主要功能及性能指标

北斗物资定位终端应用于物流管控，设备集米级北斗定位、惯性导航、4G通信、震动报警、超长时间供电、位置状态上报功能于一体。具有长待机、易安装、接收信号强等特性，一键智能启动，无需繁琐设置，采用工业级防护设计，使其可在恶劣环境中正常工作。通过网络通信将终端经纬度、高程、震动信息等回传管理平台，实现重要流转物资位置监控、电子围栏、实时轨迹查询、碰撞报警等基本功能，保障物资位置状态连续上报，提高物资流转管理效率。

（1）主要功能：

1）支持米级定位。

2）支持震动告警。

3）可选工业电池，长效续航无需更换。

4）支持远程调节数据传输频率。

5）磁吸设计，无需安装。

6) 拆卸报警。

7) 抗震工业设计,环境适应性强。

(2) 主要性能指标见表 4.15。

表 4.15 主要性能指标

信号跟踪	BDS+GPS	电源输入	3.7V 锂聚合物
定位精度	不大于 10m	电池容量	6000mAh
启动时间	冷启动时间：小于 38s 热启动时间：小于 2s	SIM 卡	外插卡
		尺寸	70mm×40mm×30.21mm
定位天线	内置	工作温度	−20~80℃
通信方式	4G	存储温度	−40~80℃
通信频段	850/1900MHz，900/1800MHz	安装方式	磁吸

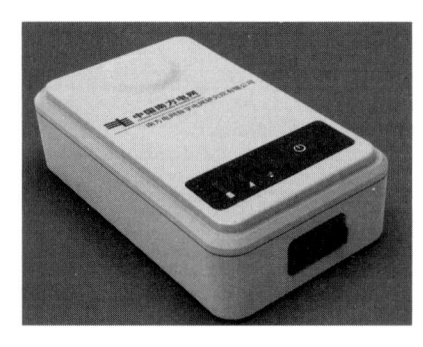

图 4.36 北斗物资定位终端图

2. 产品照片

北斗物资定位终端如图 4.36 所示。

3. 应用案例

北斗物资定位终端在电网开展试点应用,为仓储物资运输管理提供物资定位信息。若终端为静默状态,系统将自动休眠,降低功耗。一旦存在位移情况,自动切换为实时定位状态,按照 5min 的速度将位置信息、电量信息回传管理后台。实现物资的运输轨迹、电子围栏和震动告警管理,减少物资在运输过程中的丢失和损坏情况。

4.5.2.2 物资运输监控终端

1. 产品的主要功能及性能指标

基于北斗高精度定位打造的物资运输监控终端,用于电力设备物资运输时的远程实时监控。通过将北斗卫星定位技术、无线通信技术和姿态传感器技术的融合应用,可实现与"重点物资运输全程可视化"场景（SPOT）的正常通信。产品依托国网 GIS2.0 平台的时空位置、自然环境、基础设施、设备等资源数据,以地图为载体,结合计划申报、招标采购、合同执行、仓储配送、质量监督、供应商评价、废旧物资处置阶段的物资全流程数据,通过大数据分析,重点支撑监控预警、业务指令、统计分析、业务预测、指标管控、策略优化六方面功能,实现物资全链路业务贯通。

(1) 主要功能：

1) 具备对运输物资位置姿态的智能感知。

2) 具备物流数据信息的安全加密。

3) 支持远程控制和监测。

4) 终端设备可升级扩展。

(2) 主要性能指标见表 4.16。

表 4.16　　　　　　　　　　主 要 性 能 指 标

信号跟踪	BDS+GPS	内置电池	7.4V　60Ah，标准模式下工作 90 天
定位精度	优于 10m	通信方式	4G、WiFi
冲击加速度测量	±8g，精度：±0.1g	防护等级	IP65
倾角测量	0°～90°（三轴），精度:1°	运行环境温度	−30～70℃
速度测量	0～200km/h，精度：1m/s	运行环境湿度	0～95%（无凝露）
氮气压力测量	根据实际需求配置	数据加密	128 位 AES 加密
温度测量	−40～125℃，精度：0.5℃		

2．产品照片

物资运输监控终端如图 4.37 所示。

3．应用案例

2020 年 7 月，安装有物资运输监控终端的运输车辆，搭载着重点物资设备从起点出发，途径多省到达终点——220kV 变电站，终端沿途对该重点物资设备的位置、速度、姿态、冲击加速度等关键数据进行实时监测、记录，保障了重点物资的运输安全。

图 4.37　物资运输监控终端图

4.6　北斗在电力后勤方面的应用成果

4.6.1　解决方案及其应用

在电力后勤方面，北斗技术主要应用于车辆的管理，除管理自有公务和生产车辆外，也存在着较多的外来车辆需要管理，防止车辆撞线、误入危险区域等情况的出现，解决安全管控存在监控不到位、报警不及时等传统安全管控模式的问题。通过安装集成北斗定位、惯导等技术的车辆定位终端，实时掌握公务、生产车辆或外来车辆的信息，根据终端回传的状态信息，实现车辆的运行轨迹管理、电子围栏管理以及作业记录管理，为数字化管理提供管理手段，提高车辆管理水平。

4.6.2　产品及其应用

4.6.2.1　北斗车辆定位终端

1．产品的主要功能及性能指标

车辆定位终端分为内置天线型和外置天线型两款，商务车辆和部分小型作业车辆推荐使用内置天线型，大型作业车辆和特种车辆推荐使用外置天线型。设备均集成了 4G 通信模块、定位模块和 OBD 诊断模块，内置加速度传感器，外置天线型支持外接 GPS 天线和 GSM 天线增加设备搜星和信号的稳定型，车辆定位终端可应用于定位跟踪、车辆防盗、行程回放、故障诊断等。

（1）主要功能：

1）支持 BDS+GPS 卫星系统，定位精度优于 10m。

2) 支持基站定位。

3) 支持 OBD 接口，实现故障诊断。

4) 安装方便，即插即用。

(2) 主要性能指标见表 4.17。

表 4.17　　　　　　　　主 要 性 能 指 标

产品类型	内置天线型	内置电池	50mAH 聚合物锂电池
信号跟踪	BDS+GPS	OBD 协议	ISO9141 KWP2000＿5BPS（ISO14230） KWP2000＿FAST（ISO14230） CANBUS＿11B＿500K（ISO15765） CANBUS＿29B＿500K（ISO15765） CANBUS＿11B＿250K（ISO15765） CANBUS＿29B＿250K（ISO15765）
定位精度	不大于 10m		
定位模式	卫星定位/基站定位		
通信网络	支持 2G/3G/4G		
通信方式	TCP		
工作电压	DC 9～48V		
工作电流	平均 35mA（ACC ON）	尺寸	58mm×45mm×20mm
待机电流	2.5mA（ACC OFF）	工作温度	－25～75℃

2. 产品照片

北斗车辆定位终端（内置天线型）如图 4.38 所示。

3. 应用案例

目前，南方电网已完成辖区内 5 万余台公务、工程车辆的北斗车辆定位终端安装工作，对原有采用 GPS 定位的车辆实行设备替换。数据通过 APN 专网接入车辆管理系统，通过车辆管理系统实现车辆实时位置、运行轨迹、实时状态的监控与管理，合理调度及安全监管等，提高车辆安全管理水平。北斗车辆定位终端应用如图 4.39 所示。

4.6.2.2　北斗电力应急装备运行管理模块

1. 产品的主要功能及性能指标

图 4.38　北斗车辆定位终端（内置天线型）图

多功能电力资产运行采集器（F100），面向电力装备通用化设计；发电车专用运行管理装置（F1000）为扩展型，面向应急发电车专用设计，安装在发电车控制舱或发电舱内，为发电车管理提供车辆行驶轨迹和位置、发电机启动电瓶电压监测、发电实时监测和输出统计、发电位置记录、发电车行驶和停留轨迹查询等管理数据。

(1) 主要功能：

1) 发电车或其他电源车辆定位。

2) 监控发电机启动电瓶电压。

3) 监控发电位置。

4) 监测和计量发电电量数。

5) 实时监测发电输出质量。

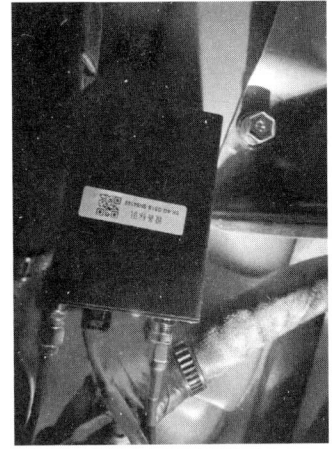

图4.39 北斗车辆定位终端应用图

(2)主要性能指标见表4.18。

表4.18　　　　　　　　　主 要 性 能 指 标

定位方式	BDS、GPS、LBS	防护等级	IP65
定位精度	10m	通信网络	CAT1
定位初始化时间	小于20s	远程升级	支持
定位通信协议	808	接口	RS485
重量	小于100g	计量精度	优于0.1kW·h
尺寸	30mm×30mm×78mm	计量规约	南方电网公司计量规约
工作温度	-20~80℃	天线	内置
湿度	0~95%		

2. 产品照片

F100多功能电力资产运行采集器如图4.40所示。F1000型发电车定位工况管理装置如图4.41所示。

图4.40 F100多功能电力资产运行采集器图

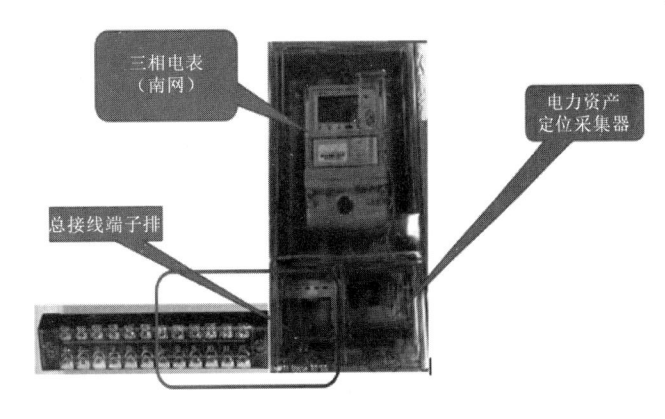

图4.41 F1000型发电车定位工况管理装置图

3. 应用案例

产品已在某市供电公司两台中压应急发电车上，实现了对两台发电车的运行全面管理，并可预告维护保养关键节点。

4.7　北斗在电力国际业务方面的应用成果

随着我国先进的电力技术，特别是特高压电力传输技术在国外的应用，我国在境外承担起多个电力建设项目，人员也随设备一起进入了相关电力建设的国家。随之而来的是我国电力建设工人的安全问题。为此，国家电网基于北斗三号系统全球短报文通信功能，构建了人员搜救系统。给在国外开展电力建设施工的人员配备具有北斗全球短报文通信功能的手持终端，在遇到危险或被劫持的情况下，按动SOS键，实现一键呼救，终端就将求救信息连同位置信息一并发向北斗卫星，通过北斗全球短报文通信链路，回传至国内搜救中心，由国内搜救中心将该信息分发给相应的救援管理部门进行救援。

第 5 章

电力北斗应用效能

5.1 电力北斗应用基础设施运营服务效能

5.1.1 电力北斗地基增强网运营服务效能

近年来随着高精度定位技术的成熟，应用场景需求急剧增加，国内多个行业结合自身应用需求投资建设地基增强系统，即连续运行参考站（Continuous Operation Reference Station，CORS）系统，如国家北斗地基增强系统、国家北斗精准服务网、全国卫星导航定位与基准服务系统及中国移动地基增强系统等。

在电力行业，随着5G、人工智能技术的发展及广泛应用，以无人机自主巡检为代表的智能设备对时空信息服务的应用模式和性能需求发生了根本的变化。从服务模式上看，高精度定位服务已经从信息化设备的简单定位、导航与授时（Positioning Navigation Timing，PNT）转变为智能化设备以控制为主的应用新模式，即从以前的"离线式"应用转变为"在线式"应用。从性能要求上来看，无人机巡检、杆塔倾斜监测、线路舞动监测、地质灾害监测、机器人巡检、人员安全管控等领域，在高精度的基础上具有更高的完好性、连续性、可用性要求，并对安全性提出了更高的要求，例如应具备抗干扰和反欺骗等功能。

5.1.1.1 系统建设及运营服务现状

国家电网于2021年建成电力北斗地基增强网基准站，覆盖27个省的全部经营区域，初步形成稳定可靠、分布合理及覆盖广泛的电力北斗精准位置服务网。作为国家电网北斗高精度时空位置服务的基础设施，其北斗卫星综合服务平台，可提供实时米级、分米级、厘米级，以及事后毫米级精度的定位导航服务产品和纳秒级的时间服务产品，为电力"发、输、变、配、用"各个环节的业务提供精准定位和授时授频支撑。

南方电网于2020年年底全面完成覆盖供电区域的607座电力北斗地基增强网基准站建设，结合其北斗一体化运营服务平台，目前主要针对南方五省系统内业务提供实时米级、亚米级、厘米级和后处理毫米级北斗高精度定位服务，并于2021年6月正式开通。该服务已面向公司无人机自主巡检、杆塔监测、地质灾害监测及安全管控等业务推广应用，截至2022年12月已注册北斗服务账号3千余个，提供的北斗服务可覆盖南方电网管辖范围。

5.1.1.2 系统应用效能

国家电网建设的电力北斗地基增强网系统已在江苏、山东、河北、河南、四川、甘肃、陕西、湖北、湖南、上海等省（自治区、直辖市）展开应用，重点支撑电力巡检无人机的高精度导航定位应用和北斗高精度定位仪等产品的应用推广。

南方电网 2022 年实现基于北斗高精度定位的 500kV 及以上线路自主巡检全覆盖。2023 年，将针对已有北斗基础设施应用现状建设提升北斗基础平台效能，开展基于北斗基础设施提升北斗服务质量的关键技术研究，解决北斗高精度位置服务系统基准站建设的安全性与可靠性问题、基准站管理系统服务性能建设问题，以及北斗高精度位置解算系统数据处理与分析精度问题，完成北斗高精度位置服务运行监控模块、动态后处理技术模块及形变监测模块的建设。2025 年，将结合基准站实际运行情况和高精度数据服务效果，对定位效果较差的地区进行基站功能测试并适当加密基站部署，最终完成覆盖南方电网范围的基站组网建设。通过电力北斗地基增强服务网的建设，构建南方电网高精度位置服务基础设施，确立南方电网全网统一时间空间位置基准，赋能电网设施米级、亚米级、厘米级实时动态定位和毫米级静态定位，可实现全天候、连续、高精度、实时的导航、定位及授时服务，有利于南方电网提质增效，推动数字技术场景化应用，完成生产业务与数字技术的深度融合，实现生产业务的数据使能、平台赋能及应用智能，增强电网设施动态监测能力，提升电网数据资源的组织管理与共享服务能力，提高电网综合信息服务和保障能力，并将建成北斗高精度地质灾害监测站不少于 300 个，为南方电网供电区域内的输电线路提供精准实时的地质灾害监测和预警服务。同时，还将促进南方电网供电区域五省经济建设的加快，促进北斗民用产业的推广，推进国家战略规划的实施。

5.1.2 电力北斗时频服务网运营服务效能

电网中存在长距离大规模电力传输，涉及各种以计算机和通信技术为基础的自动化装置，如此大量设备是否能够按照预先计划的流程，准确安全地传输到位，离不开全网设备时间频率基准问题。电力北斗时频服务网是利用全球卫星导航系统（GNSS）时钟对电厂、变电站的计算机监控系统、测控装置、线路微机保护装置、故障录波装置及电能量计费系统等进行统一对时，实现整个电厂、变电站的时频完全统一。全网时频不同步会造成一些较为特殊的故障，如数据和信息丢失、SOE 事件信息逻辑混乱或某些工作站死机甚至系统瘫痪。因此，时频同步是影响电力系统运行稳定性和可靠性的重要因素之一。

5.1.2.1 系统建设及运营服务现状

电力北斗时频服务网是基于北斗的安全、自主可控的时间同步系统，可实现全网时间同步、终端状态可观、时间精度可控，保障电网安全生产。

国家电网 2021 年开展电力北斗时频服务网试点建设，利用卫星共视技术，初步具备为试点省份内的各类电力终端提供统一时频服务的能力。节点时间同步精度优于 20ns，频率同步准确度达到 1×10^{-12}；全网时间同步精度优于 $1\mu s$，频率同步准确度达到 1×10^{-11}。

南方电网按照业务应用需求，建成了集北斗高精度位置服务、常规位置服务、短报文通信服务及时频监测服务于一体的北斗运营服务平台，并于 2021 年 6 月正式开通相关服务。目前，全网 35kV 以上变电站中已有 1500 座变电站应用了北斗授时系统，各级调度自动化主站北斗卫星授时接入率达 100%，500kV、220kV 及 110kV 变电站北斗接入率分别为 48%、36%、31%。同时，主网频率同步网一级钟均配置了铯钟、北斗模块、GPS

模块，实现了北斗授频在主干传输网的应用。

5.1.2.2 系统应用效能

国家电网的电力北斗时频服务网采用钟组守时、卫星共视等技术，可以实现高精度授时和授频服务的统一，依托现有频率同步网的骨干架构，进行适应性的改造完善，实现骨干网络时间与频率同步和统一，满足业务需求，便于统一管理。时间统一的同时，还可以提升现有频率同步网各项性能。

南方电网将于2024年实现各级调度中心、集控中心、110kV级以上厂站北斗授时全覆盖。2025年，南方电网将实现公司全网各电压等级所有厂站北斗授时全覆盖。时间同步系统为电网各级调度机构、发电厂、变电站、集控中心等提供统一的时间基准，满足各种系统和设备对时间同步的要求。

依托北斗建立的电力授时系统，为电力调度部门、变电站等重要机构场所提供高精度、稳定可靠的时间源，实现全网场站时间统一同步，提升调度业务时间源的精度、安全和稳定的服务能力，满足电力安全运行的更高需求。

5.1.3 北斗卫星综合服务平台服务效能

随着国家在北斗卫星导航基础设施及系统建设方面的支持与投入，其在能源电力行业应用已进入快车道。国家电网自提出建设北斗卫星应用综合服务平台以来，已取得一定成效。围绕国家电网电力北斗技术应用建设目标，以中央和国家有关北斗工作要求为指引，以北斗系统位置和时频服务能力为核心，建成电力北斗地基增强网和北斗卫星应用综合服务平台，推广应用北斗终端设备，深化电网各业务领域北斗应用，积极培育北斗新兴产业集群。

面对未来电网更高等级的智能化、信息化发展需求，电力北斗卫星应用综合服务平台的提升与完善是中国特色国际领先的能源互联网建设的实际需要。针对电力业务及社会发展需要，积极打造以北斗精准位置服务和全方位地理信息为核心，涵盖基础设施建设、接入标准统一、服务总线搭建、业务应用支撑的北斗卫星应用综合服务平台，强化解算服务、播发服务、运维管理服务三大核心功能，为电力行业提供北斗时空智能服务能力。

5.1.3.1 系统建设及运营服务现状

1. 国家电网

国家电网建设的北斗卫星应用综合服务平台以电力北斗地基增强网为物理基础，以标准物联接入、大数据中心建设为技术支撑，以北斗高精度导航定位、短报文通信信息分发、授时授频服务能力为建设核心，打造运营服务、运维服务、综合服务等配套功能，为电力北斗规模化应用提供技术能力和服务能力的双重保障。

基于北斗系统定位，北斗卫星应用综合服务平台建立了独立的解算引擎，为用户提供精准位置服务，实现数据处理，保障位置、短报文数据的有效应用，实现高精度全领域覆盖，具备实时动态高精度定位导航能力。在精准位置服务算法方面，通过将RTK、RTD、PPK、PPP等多类算法进行结合，丰富现有平台内的算法体系，为不同的业务场景提供米级、亚米级、厘米级、事后毫米级精准位置服务，保证解算精度高可靠性，解决低纬度地区电离层活跃情况下电离层格网精度以及复杂地形环境下高精度定位的难题。平台体系结构方面，采用分布式系统、微服务架构，将位置服务终端通信服务、数据处理服务、数据分发服务、实时数据访问有机整合，支持海量用户高并发、高可用。

利用已经建立并在各省投入使用的电力北斗地基增强系统基准站网和北斗卫星应用综合服务，形成了基建、运检、安监等多个业务领域的电力北斗应用方案，提供覆盖基建、运检等领域的数据服务，在输电线路监测、配网移动作业、基建现场管理、应急监测抢修、防灾减灾、电力作业面安全管控等方面提供有效业务支撑，为平台服务优化提升提供软件基础。根据电网安全、时空智能以及数字化转型发展需求，推动实现建设具有中国特色国际领先的能源互联网企业的战略目标。

2. 南方电网

南方电网建设的北斗一体化运营服务平台采用网级部署方式，以全域物联网平台、数据中心、南网智瞰、南网云平台为技术支撑，构建高精度位置服务、北斗短报文服务、实时位置管理、北斗时频监测四大功能模块，打造一体化北斗运营服务。具备米级、亚米级、厘米级实时动态定位和毫米级静态定位能力，可面向全网提供不同级别精度的位置服务，平台基于虚拟机技术部署，实现面向应用和服务进行分布式设计及微服务部署，利用各种负载均衡技术，实现大容量、高并发处理，弹性伸缩，实现海量设备接入。

北斗一体化运营服务平台为无人机自动驾驶、杆塔倾斜监测、地质灾害隐患、人员安全管控、变电站机器人巡检等业务应用提供高效、安全、便捷的"动态＋静态"多级精度的高精度位置服务，确保全网设备空间基准一致、位置服务统一、空间数据安全；为配网抢修、应急救灾、远程抄表等业务应用提供稳定、快捷、高效的短报文通信、远程数据交换与转发服务，实现全网短报文服务集中管理；为全网授时、全网时频同步等业务应用提供时间、频率精度的监控服务，实现全网各系统、终端时间、频率保持统一。

5.1.3.2 系统应用效能

1. 国家电网

国家电网的北斗卫星应用综合服务平台已于全国 27 个省（自治区、直辖市）经营区域内完成部署，完成全域基准站接入及内外网解算播发数据调试，实现全网范围内的高精度位置服务。自各省综合服务平台完成调试以来，已在多省支撑多类个性化应用，结合营销、基建、运检、安监等专业业务及展示需求，规模化推广电力北斗应用。

北斗运检业务方面，在无人机巡检移动作业管控、杆塔倾斜形变监测预警、线路风偏舞动监测预警、地质灾害监测预警、变电站人员作业安全管控、配电线路授时和故障定位等业务场景开展北斗应用。为无人机配置电力北斗 RTK 服务，利用电力北斗高精度定位服务，实现无人机的自主飞行，辅助开展自主巡检业务，提高巡检效率。展开多网络环境、多工作场景、多设备型号的复合应用，证实了电力北斗定位服务的可用性、可靠性、稳定性。

北斗基建业务方面，在人员、车辆、机械、设备、环境实时监控等场景开展北斗业务应用，在无公网覆盖地区开展基建现场"最后一千米通信"北斗短报文通信技术验证，为工程管理提供有效依据，提升工程建设效率和精益化管理水平。

2022 年，北斗卫星应用综合服务平台在多个省市的经营区域内，实现内外网数据解算、播发服务，补充优化算法模型，提升解算精度及用户体验。打造运维、运营两大支撑应用，完善北斗卫星应用综合服务平台的管理、监控、维护水平，打造高质量全闭环管理模式，提升播发能力、强化终端接入管理。增强北斗信息的应用范围、丰富应用模式，建立完善的设备、终端、设施接入、监控管理制度及方法。初步建成北斗时空数据中心，开展对电力北斗基准站数据、电力北斗应用终端数据、业务模块运行信息、用户行为信息的收集工作。至2025年，实现北斗服务应用行业外推广，充分发挥北斗卫星应用综合服务平台价值，构建为多行业和大众提供服务的北斗精准时空服务体系。

2. 南方电网

南方电网的北斗一体化运营服务平台自2021年6月正式发布服务以来，目前全网注册北斗服务账号3000余个，在生技、安监、营销、调度、物资、公共等各大业务领域均已开展广泛应用。生技业务领域中，在无人机自主巡检、杆塔形变位移监测、输电线路大型车辆防外破管控、无人机追踪等场景开展北斗应用，为安全生产安全运行提供精细化管控手段。安监业务领域中，已开展变电站、输电线路、配网线路、作业现场等多种作业环境下的高精度安全管控应用。基于北斗高精度位置服务结合智能安全帽、手持机、穿戴式终端、便携终端等多类型人员、车辆、物资北斗定位终端实现作业现场的电子围栏安全管控、智能作业管理等，保障人员、车辆、物资作业安全。

通过各类高精度位置服务应用不断打磨平台服务的可靠性、稳定性，打造更加健壮的北斗一体化运营服务平台，支撑北斗规模化应用。基于北斗一体化运营服务平台，构建高时空分辨率、全时全域的电网时空综合基准体系，实现精细化、信息化、智能化管理，广泛服务于规划、生产、基建、营销、调度等业务全生命周期管理，从时空维度形成智能化应用和大数据分析，助力数字化转型和数字电网建设。

5.2 电力北斗终端应用效能

5.2.1 电力北斗导航定位终端应用效能
5.2.1.1 北斗无人机巡检

在电网运行中，变电站及线路的巡视工作对保证电力系统的正常运行发挥关键作用。为解决特高压变电站高空区域巡视难、效率低、高风险等难题，可利用无人机多机协同自主巡检，可近距离、多视角重点观察检测变电站设备高处部位，免除人工登塔、高空作业，可以充分发挥其灵活快捷、视角广泛、工作效率高等特点，实现快速获取变电设备清晰影像资料并通过分析处理，判断设备运行情况。

使用基于北斗导航的多旋翼、固定翼无人机，搭载激光雷达沿变电站周边与主网输电线路飞行，采集变电站激光点云数据和每节杆塔高程、北斗/GNSS定位数据，建立厘米级精度的三维点云地图。即通过激光雷达获取变电站、线路走廊内的高精度三维点云作为基础三维地图，利用北斗实时动态载波相位差分定位技术，能够实时地提供测站点在指定坐标系中的三维定位结果，并达到厘米级精度，从而实现无人机自主巡航，完成各种精细化巡检任务，随后使用AI算法自动识别提取关键特征（带电设备、杆塔、导线、绝缘子等）的空间参数。

国家电网已在江苏、山东等省全面开展基于电力北斗地基增强系统高精度定位服务的无人机自主巡检业务。每个基杆塔巡检时间由40～60min提升到5～8min，巡检效率提升了73%；人员配置由2～4人降低到1～2人，有效减轻一线班组的工作强度，促进了公司提质增效管理。

南方电网现有2000余架无人机搭载高精度定位功能，累计完成输配电线路自主巡检里程超过50万km，采集照片超过1000万张。利用北斗高精度位置服务开展无人机自主巡检在原有的巡检效率上提高了3～5倍，巡检结果合格率由90%提升至98%，实现无人机巡检管理规范化、作业智能化、业务数字化，有效提高巡检作业效率，极大程度降低输电线路巡检运营维护成本，从而推动电网设备管理模式转变。

5.2.1.2 输电线路杆塔监测

随着我国电力系统的快速发展，输电线路越来越复杂庞大。作为输送电力的主渠道，其中一个重要的组成部分就是输电铁塔。输电线路主要靠输电铁塔支撑，它的作用是支撑空中的导、地线。一般输电铁塔由等边角钢和组合角钢组成，个别部件（如塔脚等）是由几块钢板焊接成一个组合件。与一般工程结构相比，输电塔线体系是典型的空间桁架结构，具有结构高、跨度大的特点，这导致它结构相当的脆弱。在自然环境和外界条件的作用下，地震、滑坡、恶劣气候、老化氧化及潜在的人为偷盗破坏等因素，都会给铁塔带来一定的安全隐患，铁塔地基容易发生滑移、倾斜、开裂等现象，从而引起塔基的位移，导致铁塔变形、倾斜，甚至倒塔等。一旦输电线路发生故障，势必会造成电网的安全事故的发生，给国家和人民造成经济损失，影响社会安定。因而迫切地需要对输电铁塔的状态进行监测。

基于北斗的输电线路杆塔监测，根据输电杆塔的灾害特点并结合北斗高精度定位技术、倾斜传感器技术、计算机技术、网络通信技术实现对输电线路杆塔的沉降与倾斜监测，该系统能实时现场采集杆塔倾斜、沉降数据，通过无线通信方式传输到监控中心，并对监测数据进行存储，使电力运维部门及时掌控电力杆塔的工作状态，系统一旦监测到杆塔异常，提前预警，及时通知监管部门采取应急预案处理，把危险扼杀于萌芽状态，避免造成重大事故，确保输电安全。国家电网已规模化部署应用输电线路杆塔倾斜监测终端，发挥了有效的作用。

5.2.1.3 车辆调度管理

随着电网的发展，办公和生产车辆不断地增加，传统的车辆管理方式逐渐不再满足现代快节奏、高效率的业务要求，如何优化车辆配置，提高车辆使用调度效率，提升用车安全水平，降低维修和油料等费用，已成为车辆管理的难题。中共中央办公厅、国务院办公厅印发的《党政机关公务用车管理办法》，对公务用车管理提出明确要求：各省、自治区、直辖市以及中央和国家机关公务用车主管部门应当建立统一的公务用车管理信息系统，提高公务用车配备使用管理信息化水平。对公务用车的管理首要信息是位置信息，以卫星导航定位技术监控车辆轨迹、位置、速度数据，结合车辆管理系统实现公务用车的自动化管理。

北斗车辆定位装置，可以采集车辆的定位位置与速度等信息，具有定位追踪、驾驶行为监测等功能。国家电网和南方电网目前已实现全网超过15万辆办公和生产车辆的北斗定位装置安装和数据接入工作，车辆管理部门通过车辆系统通可实时掌握网内各类车辆的所在位置和运行状态，为车辆实时监控管理提供有效的手段与依据，从而更好地进行指挥调度，合理优化资源配置，提高作业效率，保障车辆运转安全。

5.2.1.4 现场作业安全管控

电网基建工程往往延伸数百千米，规模大、标段多、分布广是电网基建工程的显著特点。工程建设过程涉及设计、施工、监理等诸多环节，项目管理过程十分复杂。现场人员的安全情况，是现场管理的难题之一。尤其是施工人员等重要人员的行动轨迹，一旦出现事故，无法真实查证管理人员、现场工作人员等重要责任人的实际到位情况。因此，对于现场人员的安全与考勤管理是必要需求之一。

为此，国家电网、南方电网等单位研制出北斗智能安全帽、北斗智能手表、北斗智能工卡、北斗作业安全管控终端等穿戴类和便携类产品，利用北斗高精度定位技术，以基建施工现场人员、车辆、路基、构筑物等为对象，集成物联传感技术、大数据技术、云计算等新一代信息技术，通过无线通信技术或者北斗短报文技术上传数据到集远程监测、区域预警等功能的基建管控监测预警系统，并及时跟踪和发现施工过程中的人员安全与质量隐患，为基建现场的人员、车辆、资产、机械设备等要素的安全管理提供技术手段。在现场作业安全管控应用中大量配备携带北斗定位功能的人员、车辆、物资定位终端，形态以小型化、便携化为主，实现高精度定位、实时通信、电子围栏、SOS求助、远程指导、防外破等功能，提升安全管理水平和基建施工质量，保障人员安全和施工安全。

5.2.2 电力北斗授时终端应用效能

5.2.2.1 变电站时间同步装置

对于新建的调度主站自动化系统/变电站均要求采用具备北斗授时信号的时间同步装置，对于各电压等级变电站现存为只接收GPS授时信号的时间同步装置开展统一改造工作。截至2022年7月，国家电网实现了北斗授时功能覆盖电力系统的大部分110kV及以上重要变电站。南方电网新建和改造调度主站自动化系统/变电站时间同步装置100%接收北斗授时信号，全网各电压等级变电站已有3597座完成时间同步装置改造工作，北斗授时覆盖率已达48%，其中500kV变电站覆盖率为100%。计划至2025年，达到变电站北斗授时覆盖率100%，实现南方电网"北斗信号为主，GPS信号为辅"的授时服务和以北斗卫星授时作为主时间源的授时体系，保障电力系统安全运行。

5.2.2.2 北斗卫星时钟在跨流域水电站群智能化运营的应用

三峡集团现运营多座大型水电站，各水电站建立了先进、高效的电力生产过程自动化系统，各系统和设备的配合工作需要一个精确、统一的时间。由于大多数装置不同厂家采用各自独立的时钟，各系统时钟因为精度原因会造成一定的偏差，不能在统一的时间基准的基础上进行数据分析，不利于现场的运行维护和事故分析处理。因此，时钟同步系统是保证整个水电站安全稳定运行、提高运行水平的不可或缺的重要组成部分，统一时钟是保证水电站生产、安全运行的重要措施，在实现电站智能化运行管理方面可发挥重要作用。

结合水电站生产运行特点和电力系统的安全要求，每个电站分别采用统一互备型时间同步系统，以提高时间同步的可靠性。时钟分别接收北斗和GPS授时信号，实现北斗和GPS两种卫星时钟信息共享，北斗授时信号优先，互为热备，并具有自动恒温守时功能。主时钟、扩展时钟具有多种类型对时输出接口，解决了电站不同系统和智能设备对时钟同步准确度要求不同、接口不同的问题,为各个安全大区系统设备的对时接入提供了极大便利。北斗授时在水电站应用如图5.1所示。

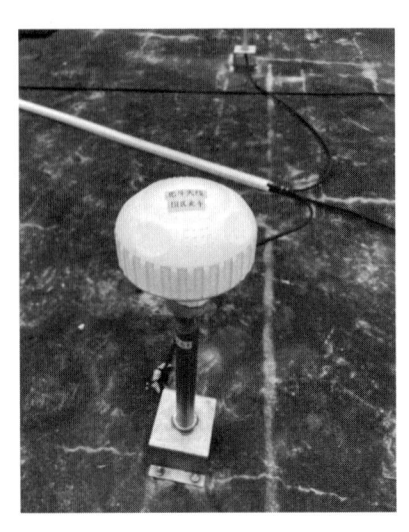

图5.1 北斗授时在水电站应用图

北斗时钟系统能够快速提供授时和定位功能,接收机功耗小,数据更新率高,已在电力、通信等需要导航定位和时间同步的系统中得到广泛应用。北斗时钟系统在跨流域巨型水电站群的成功应用,实现了全电站各系统在统一高精度时间基准下的运行监控,为实时掌握电站的生产运行状况、故障诊断、事故分析、智能预警、状态评估、智能决策等提供了科学的决策依据和管理手段。为水电站电力生产系统的稳定运行打好扎实时标基础,助力生产管理智能化水平提升。水电站产生的稳定清洁能源为国民经济的发展及人民群众安居乐业奠定了良好的基石。

5.2.3 电力北斗短报文通信终端应用效能

5.2.3.1 北斗短报文通信在三峡水情遥测系统中的应用

三峡水情遥测系统目前布设有自动遥测站点650余个,分布于多个省市区域范围内,控制流域面积达58万 km^2。为了确保三峡水情遥测系统数据传输的可靠性,系统的组网工作采用多信道的数据传输方式,其中北斗系统作为最主要的通信信道被引入到600余个自动遥测站中。北斗短报文通信在三峡水情遥测系统中的应用如图5.2所示。

三峡水情遥测系统采集的水文数据,是三峡与金沙江下游电站水库调度群开展水库运行所需调度数据的来源。由于三峡水情遥测系统采用北斗卫星系统作为主要的数据传输信道,从根本上确保了水库调度运行的可靠性和稳定性,保障了长江中下游区域的防洪安全,为梯级电站的电力生产工作奠定了坚实的基础。

5.2.3.2 用电数据采集

随着国家电力体制改革的不断推进,电力市场竞争形势日趋激烈,全网电量数据的采集准确性和及时性将直接影响各相关单位的经济利益以及电网经济技术指标。当前国家电网和南方电网紧跟国家电力体制改革动态,提出需要加强用电侧设施设备的全电量数据采

图 5.2 北斗短报文通信在三峡水情遥测系统中的应用图

集，提高电量数据采集率，全面提高数据的完整性和准确性，支撑各省公司各专业对电量数据的需要，为电网经济调度、电力市场等提供实时、准确、可靠的数据，提升电网的经济效益。偏远地区抄表、数据采集及远程控制操作十分困难，通过北斗系统双向通信功能将现场用户用电信息经过北斗运营服务平台转发至营销系统，无缝接入到用电信息采集系统主站，实现现场采集数据到北斗卫星通道的接入，能实时、有效、可靠地获得无公网覆盖地区用电信息，实现营销用电信息的全覆盖采集。国家电网在青海、甘肃等省公司大量部署北斗短报文终端，用于电力数据采集。南方电网在贵州、云南、广西等地已部署北斗短报文计量数据采集装置 4000 余套，实现无公网或公网信号不稳定区域用电数据采集，消除计量盲区。

用电数据采集装置本地端（专变、公变）通过电子载波、485、小无线等方式进行电表数据的采集，通过串口将电力数据发送给北斗通信模块，模块将数据转换为符合北斗传输帧结构的短报文并发送，接收端将收集到的北斗短报文进行解码，获取具体的电力数据内容并转换为符合电网相关协议规范要求的帧结构数据，最后经加密接入电力系统，完成营销用电全部信息的采集。

5.2.3.3　配电自动化

目前，部分地区配电网存在部分线路供电半径偏长、故障率偏高、线路互供能力偏弱等问题。配电自动化未覆盖线路虽然已安装数据传输单元、馈线单元等配电终端，但处于孤网运行状态，不能实时掌握线路状态和开关状态信息。故障发生时，巡检人员需要现场逐段排查故障区域，不能及时发现故障点并排除故障。配电终端与主站无法保持精确的时间同步，难以准确判断故障发生时间、进行故障定位、事件回溯、原因分析等。另外，在遇突发恶劣天气造成通信线路中断的情况下，如果没有其他应急通信手段，则会对配电网抢修指挥造成严重影响。应用北斗卫星系统，能够简单有效地解决上述问题。

基于北斗系统的配电网自动监测及故障精准定位技术方案，主要由现场部署安装应用的多种类型北斗配电网终端、短报文终端、北斗配网监测运营系统平台等部分组成。国家电网和南方电网全域现已大量部署北斗短报文数传终端，与配电自动化终端集成，运用北斗技术改造现有传统配网设备，并采用符合电力行业规定的安全防护体系，实现配电网运行的全面实时监控，配电网故障快速定位，合理规划抢修线路，缩短故障停电时间，加快故障处理速度。利用北斗短报文通信功能，将配电终端监测到的线路状态、开关状态等信息实时回传至主站，保障通信，构建新的配电网线路运维检修方式，完善现有配电网运维检修体系。此外，在应急抢修通信保障方面，根据南方电网"网、省、地、县"四级配置北斗指挥型用户机，上级指挥型用户机可管理下级全部用户终端要求，目前各单位共配置340余套北斗应急通信装备。在解决通信的基础上还可利用北斗定位功能实时掌握故障点的精确位置并合理规划路线，引导巡检人员迅速前往故障点，提高了配电网运维智能化水平。

5.2.3.4 北斗短报文通信助力灾害天气应急通信

受台风等灾害天气影响，往往造成光缆中断，运营商基站停电、退服，致使灾区通信中断，影响抗灾抢险。以浙江为例，新中国成立国有气象记录以来，截至2021年，共有47个台风登陆浙江。梳理历史数据发现，台风在浙江的登陆地点集中在中南部沿海城市，其中以台州市最多，台风登陆次数达19次，占比约40%，年均0.25次。另外共有304个台风影响过台州，平均每年就有4~5个台风对台州造成不同程度的影响。通过应用北斗短报文通信，可以有效保障应急通信，及时传递灾情抢险信息，为应急抢险工作，提供坚实保障。

构建基于电力北斗短报文技术的应急通信系统，充分利用北斗短报文通信的高机动性、高可靠性、互通互联性等特性，解决无公网地区的应急通信与管理问题，提升人员通信和远程管理能力。在没有其他宽带通信资源的情况下，通过北斗导航系统短报文通信，实现指挥关系网内统一的指挥调度和简单协同。保障抢险物资的到位进度掌控，保障人员与财产的安全。

在灾害天气其他通信手段中断的情况下，利用北斗车载机、北斗短报文手机，依托北斗卫星导航、定位和短报文通信技术，满足应急通信、应急定位管理以及区域内作业协同等业务需求。

第 6 章

电力北斗技术应用发展趋势及建议

6.1 电力北斗技术发展趋势及展望

北斗系统，作为我国 PNT 体系的最重要的组成部分，必将深入到电力行业的方方面面，"电力＋北斗"或者"北斗＋电力"应用为电力各专业领域提供了精准的时空基准信息。然而，受卫星导航信号的物理特性的限制，卫星导航系统还没有办法作为电力行业时空服务唯一可信赖的 PNT 手段，面向电力行业需求，北斗技术应用目前还存在以下薄弱环节：

（1）卫星导航信号的功率低，容易受到干扰和阻断，难以满足电力系统高安全性要求。电力是关系到国计民生的重要基础行业，授时、定位服务的可靠性和安全性直接影响到电力北斗技术应用的发展前景。例如，由于卫星授时服务的脆弱性，电力调度授时目前仍然采用光纤授时为主、卫星授时为辅的星地双备授时方案，难以充分应用卫星授时的精准性。因此，如何通过技术手段来提升卫星导航信号的抗干扰能力是值得研究的课题。

（2）卫星导航信号的障碍穿透能力弱，在复杂地形环境、电磁环境下的应用受限。电力系统设备分布广泛，大量分布在遮挡严重的城市地区、室内、高山、峡谷地区，这些环境下的高精度定位服务受到多路径效应影响，难以满足业务需求。为进一步拓展电力业务应用需求，有必要进一步提升卫星导航系统的障碍穿透能力，满足各种复杂环境、室内外场景的电力业务应用。

（3）高精度卫星授时定位服务的完好性、安全性不足。电力系统对高精度定位的需求相比消费类市场需求更加迫切，虽然目前建立了广域地基增强系统，初步满足了对高精度定位和授时服务的需求，然而在时空信息安全、高精度授时定位服务的完好性方面尚未建立统一的标准和方案，影响了高精度定位授时技术与业务应用的深度融合。

针对以上薄弱环节，结合国家综合 PNT 体系的建设，电力行业北斗技术应用将围绕业务应用对实时、高可靠、高安全、高可用、广覆盖的需求，通过建立以北斗技术应用为核心，结合多种融合增强技术，多种技术手段补充，建立基准统一、覆盖无缝、安全可信、高效便捷的电力新时空服务体系，来满足电力行业时空信息服务保障要求。国家综合 PNT 系统组成如图 6.1 所示。

电力新时空服务体系，是围绕电力行业对高精度、高安全、高可靠 PNT 服务体系的需求，以卫星导航系统为基石，集成光学、声学、电学、磁学、机械学多种多样的物理手段，融合有线、无线、互联、物联、传感、超算等一系列网络系统与技术，形成可互补、

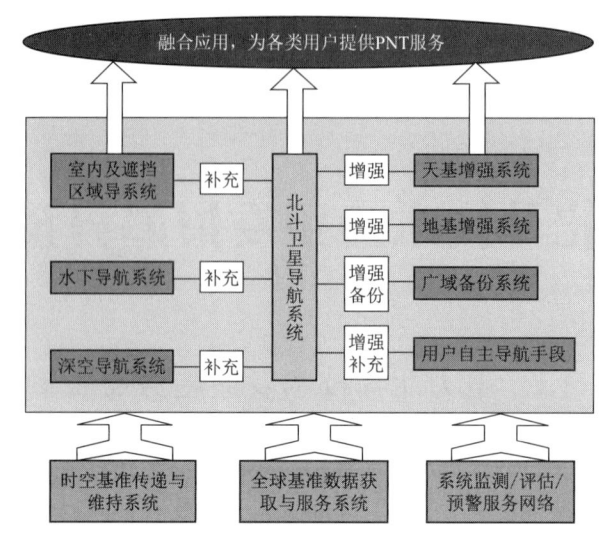

图 6.1 国家综合 PNT 系统组成

可交换、可替代、可共享的信息标准与资源，实现包括地下、水下在内的海陆空所有空间和每天 24h 所有时间，以及平时与应急、室内与室外所有环境条件下的时空信息泛在智能服务。从基本概念上看，电力新时空服务体系就是要以国家综合 PNT 服务体系为基础，围绕卫星导航服务能力的融合、传感技术融合、通信和 3S 技术融合，打造泛在、安全、可靠、精准的时空信息服务，满足电力业务全空间、全时序、全场景的时空信息服务需求。电力新时空服务体系的技术特征如图 6.2 所示，电力新时空服务体系的组成部分如图 6.3 所示。

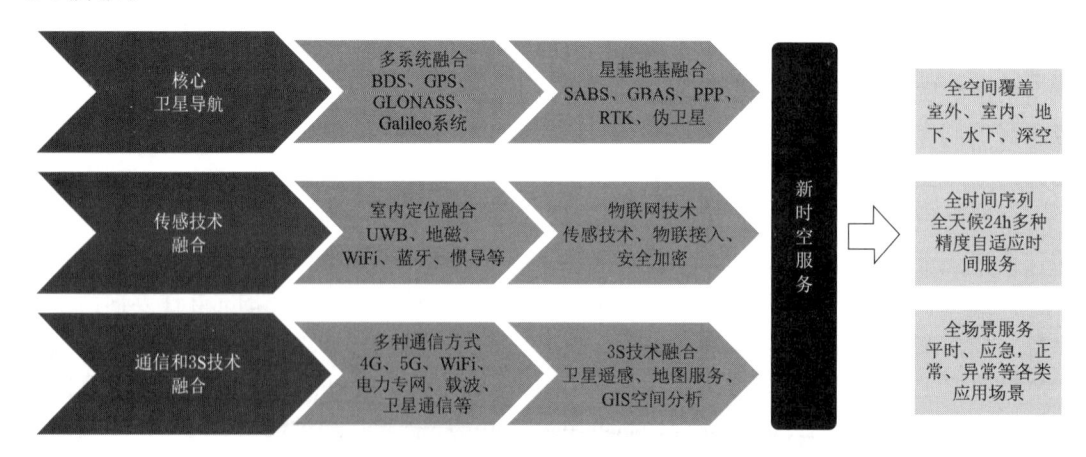

图 6.2 电力新时空服务体系的技术特征

电力新时空服务体系的建设，主要具有以下五个特征：

（1）泛在精准的时空物联感知特性。基于国家综合 PNT 体系，融合多种技术，建立健全电力行业泛在精准的时空物联感知体系，形成低延时、高精准的时空感知与标注服务能力，支持电力业务人、机、料、法、环的全时空、全场景的精准感知。未来电力系统的

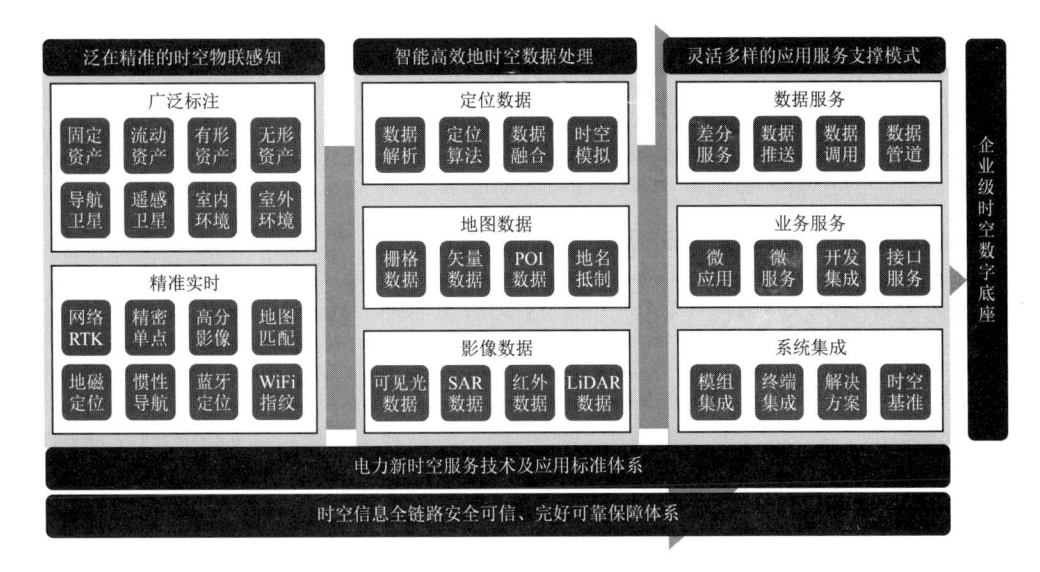

图 6.3 电力新时空服务体系的组成部分

时空信息获取需要泛在精准的时空物联感知能力，这包括两个层面：一是泛在性，也就是广泛、普遍、全场景覆盖，通过星基地基融合、室内室外融合、遥感和定位融合，面向电力设备固定资产、流动资产、有形资产、无形资产进行全方位、全天候时空感知；二是精准性，融合网络 RTK、精密单点定位、高分辨率遥感、地磁定位、UWB 定位、蓝牙定位等多种精准时空数据获取技术，实现电力系统时空数据的米级突破，实现时空信息全面进入亚米级乃至厘米级水平。

（2）智能高效的时空数据处理能力。依托电力北斗地基增强系统网络和统一时频服务网两大核心基础设施，通过时空感知终端的广泛接入，汇集各类时空感知数据、遥感影像、业务数据等多类型时空数据，通过时空数据接入、存储、解算和数据融合等能力层组件，提供高精度定位、电子围栏、路径最优规划、时钟同步、可视化呈现等时空服务，支撑各业务应用灵活快速调用。平台具备统一接收高精度卫星导航定位数据、时间数据、地理信息数据和遥感影像数据，通过网络面向电力系统各类设备和业务系统提供时空支持服务，同时汇总各类时空信息及其他相关信息，这些信息与传统电力系统数据的结合，蕴藏着大量内在价值，为大数据、人工智能等应用提供了基础。

（3）灵活多样的应用服务支撑模式。依托时空信息服务平台，结合各业务应用场景，提供灵活多样的数据服务、业务服务和系统集成服务，通过多种多样的服务提供方式，根据成本、精度要求提供差异化的授时、定位服务。为推动新时空服务业务场景深化应用，除了需要统一的时空信息服务平台支撑外，还需要与大数据、云计算、物联网、移动互联网、人工智能、地理信息、卫星遥感等技术充分融合，才能更好地应用"北斗+电力"的模式。例如，从大数据的角度来看，广泛部署在智能电网的各类传感器、能量管理系统、设备管理系统、WANS、调度自动化系统以及其他各类信息平台，积累了海量多源异构的电力大数据，这些大数据均关联了统一的时空信息，属于典型的时空大数据。挖掘数据的时间、空间、对象之间的复杂动态关联关系，需要研究一种全新的电网时空大数据应用模式。

（4）全面的电力新时空服务技术及应用标准体系。标准体系建设对于新时空服务的应用推广具有重要作用。通过行业协会、电力企业、科研院所等产学研单位广泛合作，建立电力行业与新时空服务领域的统一协调推进机制，从新时空服务产品属性、电力行业应用领域、电力业务应用场景等多种层级分阶段建立新时空服务技术、应用和检测标准体系。通过标准体系的建立，一方面促进新时空服务技术与电力业务的深度融合，提升新时空服务与电力系统现有标准的融合适配；另一方面也是降低新时空服务应用成本的重要手段，成本的大幅降低是推进时空技术在电力系统大规模应用推广的基础，推动新时空服务在电力系统更广泛的长期应用。

（5）时空信息全链路安全可信保障体系。相比于 GPS 系统，北斗系统的安全性和稳定性已大幅提升，同时北斗系统的自主可控，也大幅提升了电力行业应用时空信息获取的安全性。电力系统对安全性的要求，还体现在时空信息传输和应用的安全性上。建立可靠的时空信息全链路安全可信保障体系是新时空服务在电力行业广泛应用的前提，新时空服务应用必须符合各类电力系统应用安全管理规定。然而现有电力系统安全管理体系与新时空服务的低时延实时性要求存在一定的矛盾，因此，需要研究新型时空信息全链路安全保障技术，从而保障新时空服务在电力行业健康发展。

6.2　电力北斗应用规模及特点

6.2.1　电力北斗应用规模

伴随着北斗三号系统的建成运行，国内卫星导航与位置服务产业也呈现出稳定高速增长的态势。作为能源行业北斗产业规模化应用的主力军，国家电网、南方电网等企业深入贯彻落实"加快推进北斗规模化、产业化发展"的国家战略部署要求，重视北斗产业发展，通过顶层规划和统筹协调，不断夯实北斗应用基础设施，不断扩展北斗业务应用范围，强化北斗业务应用与企业发展深度融合。

目前国家电网和南方电网按照统一标准、统一规划、统一设计原则，分别完成电力北斗基准站建设工作，并按照业务应用需求，已建成集北斗高精度位置服务、常规位置服务、短报文通信服务、时频监测服务的北斗综合服务平台。国家电网还开展了电力北斗统一时频服务试点网建设，初步具备为试点省份内的各类电力终端提供统一时频服务的能力。基于上述电力北斗基础设施，国家电网和南方电网已逐步形成深度应用、规模化发展的良好局面，正在全面赋能各业务领域并实现显著效益。

在无人机巡检应用场景中，南方电网已有 2000 余架具有 RTK 导航定位功能的无人机，累计巡检里程超 80 万 km，实现了 500kV 及以上线路自动驾驶全覆盖。按照南方电网的巡线配置原则，将在 2025 年前增加 3000 余架具有 RTK 导航定位功能的无人机，实现无人机自主巡检完全替代人工巡检，预计相关产品累计投入达 4 亿元；在车辆定位管理应用场景中，南方电网已对全网 5 万余台车辆安装了北斗车载定位终端，实现全网车辆统一安全管理，预计相关产品累计投入达 3 亿元。

在北斗授时应用场景中，国家电网广泛部署应用高精度北斗授时终端。变电站已部署北斗时钟设备，授时精度相对GPS时钟提高87.5%，进一步提升电网运行可靠性和分析精准度，避免极端情况下GPS授时中断和授时欺骗，保障电网运行安全自主可控。同时在四川、河南、黑龙江、蒙东等公司部署基于北斗高精度时钟同步技术的配电自动化终端，提升三相采集单元电流波形同步合成精度，进而提高故障指示器接地故障判断的准确性，故障抢修时间平均缩短10min，提升配电网抢修效率。南方电网90%的调度主站自动化系统和20%的变电站时间同步装置已接收北斗授时信号，新建和改造调度主站自动化系统/变电站时间同步装置100%接收北斗授时信号。全网35kV及以上变电站中已有1500座应用了北斗授时系统，初步形成"北斗为主、GPS为辅"的卫星授时体系。在2025年前预计投资3亿元增设或改造授时产品实现全网各电压等级所有厂站北斗授时全覆盖。

在短报文数传通信应用场景中，国家电网在抄表、线损和故障监测等方面应用北斗短报文通信终端。四川、浙江、陕西等地通过在小水电站安装北斗短报文设备，数据采集时间降低99%，事故处理效率提升75%，实现了"人工采集"向"准实时自动采集"的转变。南方电网已有5000多套北斗数传终端应用于低压集抄系统数据采集，1500余套应用于小水电站发电数据采集，此外，目前南方电网各单位共配置300余套北斗应急通信装备。按照南方电网辖区范围内无公网环境数据通信需求，预计增设2000余套北斗数传终端，相关产品总产值可达3000万元。

接下来，国家电网和南方电网将依照"十四五"应用规划，着力于北斗系统与电力业务的深度融合，实现北斗在电网的规模化应用。形成电力北斗基础产品、专业终端和运营服务的北斗上中下游产业链，带动能源行业百亿规模的北斗市场，也推动地理信息及应用服务产业等相关产业的飞速发展。

6.2.2 电力北斗应用产业链现状

国家电网、南方电网等电力企业正在全面推进北斗与电力业务融合深化应用，积极开展数字电网建设，广泛应用智能装备推动数字化转型，与各行各业紧密建立"产学研用"合作机制，在北斗关键技术研究、北斗终端适配研发、北斗应用系统集成开发、北斗基础设施建设和规模化推广应用等全业务链条建立了良好的产业生态圈。

围绕定位服务能力提升、安全防护抗干扰水平提升、抗电磁干扰能力、PPP-RTK关键技术、北斗三号系统短报文音频图片传输技术等北斗关键技术研究，与国内知名大学建立紧密的合作关系，并衍生出多项网省级重点科技项目，由电网直属企业及科研院所牵头承接，配合各大高校完成适用于电力环境关键技术研究。此外，利用高校、科研院所在人才培养的系统性、交叉性、前沿性优势，结合各单位在重大工程项目、工程实践经验以及科研开发体系优势，建立优势互补的科技创新平台，开展全方位的技术合作与人才培养，为北斗业务应用、电网数字化建设输送生力军。

尽管众多北斗终端已经在自然资源、水利、交通等行业有了一系列新兴数字化应用，但由于电网应用环境的独特性，为更好地推动北斗终端在电网的应用及规模化推广，需要从硬件产品及应用系统的层面重新集成开发适配，从而符合电网的技术安全管控要求。协同国内北斗装备研发优秀企业，以生技、安监、基建、设备、物资、营销、调度、后勤、国际等业务实际应用需求出发，适配了一系列电力北斗终端，如北斗高精度定位仪、北斗智能安全帽、北斗智能手表、杆塔倾斜监测终端、营销北斗授时定位终端、地灾监测终端、电力北斗车载终端、电力北斗无人机定位终端、电力北斗短报文数传终端等。本着"规模推广、标准引领"的原则积极邀请各大优秀北斗企业共同参与电力北斗装备标准化工作，完善电力北斗标准体系建设，共同推进北斗终端研制与规模化应用，实现精细化、信息化、智能化数字管理。

电力北斗产业结构主要集中于中下游环节，其中中游的系统集成及终端产品产值占比最大，下游的运营服务目前占比较低，随着终端的规模化推广，预计运营服务将呈现较明显的增长。从应用业务领域来看，目前较多应用于生技、基建、设备、调度领域，未来北斗技术将更加广泛地应用于电力其他业务领域，应用前景广阔。

6.2.3 电力北斗应用特点

电力行业是国民经济重要的基础行业，电网安全直接影响国计民生和国家安全。随着大区域电网互联和特高压输电技术的发展，智能变电站和智能调控技术的推广应用，大电网的安全稳定运行对生技、基建、市场营销、安全监督、调度等业务领域提出了更高要求。各类新型技术手段也逐渐进入电网，为电网提供更加数字、智能、精细化的管理方式。其中，基于北斗系统的导航定位、授时、短报文服务不但能够提供更加精准的时间、空间信息，也能够在无公网通信的环境中作为补充通信手段。结合北斗应用国家战略和电网业务场景需求，北斗在电力市场具备广阔的前景。

分析电力行业的特殊性和目前电力北斗的应用情况，电力北斗产业具备下述特点。

1. 场景丰富，需求量大

国家电网和南方电网服务区域涵盖了我国绝大部分区域。众多的电力基础设施对于设备运行监测、安全管理的需求极大，应用场景众多。以输电为例，在电力巡检中可以应用北斗定位技术实现无人机自主巡检、人员护线巡检等，避免了巡视人工登塔，降低人员触电、高空跌落等风险，解决了复杂地理条件下人工巡检安全风险高、技术要求高、劳动强度大等难题，同比巡检效率提升 10 倍；在电力安全监测可以应用于输电线路在线监测、地灾监测、作业人员安全管控等，在提升监测精度的同时减少风险隐患事故的发生几率，保障输电线路的安全稳定运行和人员的生命安全。在电力应急通信中可以利用北斗短报文通信实现无公网环境下电力应急抢修数据通信、监测装置远程数据传输等，减少通信盲区，丰富特殊情况下的数据通信响应手段，提升应急安全处置效率。在电力地理信息数据精准采集中，应用北斗高精度定位技术建设现代化全过程的电网地理信息数据采集服务体系，大幅提升电力地理信息数据精准采集的效率。应用北斗授时技术建立电力授时系统，为故障定位、雷电定位等监测装置提供高精度、稳定可靠的时间源，满足电力安全运行的更高需求。

2. 智能技术融合，综合应用

在信息社会"位置"与"时间"有较强的关联性，北斗技术可以迅速将位置和时间信息数字化，存在于互联网和各类信息系统中。单一的、静态化、非标准化的数据难发挥数据价值，时空数据作为新的数据与其他数据进行深度融合，发挥出时空智慧数据价值。将北斗作为重要基础设施，把定位、导航、通信、时间感知能力与人工智能、大数据、物联网、云计算等多种智能技术融合，综合应用，发挥机器和网络环境的智能优势，打通电网相关各方的感知、分析、决策、业务等各环节，使之具备超强感知能力、明智决策能力和快速执行能力。将北斗技术及新一代信息技术融合，实现优势互补的明显效应。通过升级传统技术，改造传统产业，形成新兴模式，从而全面推动传统电网向数字电网转变，同时也推动其他相关新兴产业的飞速发展。

3. 产品可靠，强调安全生产

电力北斗产品应用于发、输、变、配、用各个环节中，产品形态多种多样，由于应用场景不乏变电站、输配电线路等，具备复杂的电磁干扰，因此对北斗产品的电磁兼容性也有着较高的要求，否则对电力设施的安全运行以及北斗产品的性能均会造成一定程度的影响。如短报文计量集抄设备或北斗在线监测类设备需要长期部署于线路上或野外环境，产品本身还要具备较好的环境适应性，以满足产品在生命周期内正常运行工作。目前，有约30%～40%面积的无公网信号或公网信号不稳定区域，对产品而言，需要在传统网络通信的技术手段上兼容多种通信方式，如北斗短报文通信等，以满足数据的传输需求。此外，电力生产管理对电力行业有着特殊意义，在电力生产中，安全有着三方面的含义：确保人身安全，杜绝人身伤亡事故；确保电网安全，消灭电网瓦解和大面积停电事故；确保设备安全，保证设备正常运行。这三方面是电力企业安全生产的有机组成部分，互不可分，缺一不可。对于电力北斗产品来说，无论是保障作业人员安全还是保障线路、设备正常运行都必须要保证产品的可靠性、鲁棒性和稳定性。一旦由于产品本身的原因导致事故的发生，将会面临重大的安全责任风险。

6.3 电力北斗创新应用发展趋势及建议

6.3.1 发展趋势

总结这些年电力北斗创新应用成果和取得的成效，分析未来电力北斗创新应用发展将呈现出下述趋势。

1. 电力北斗应用将全面取代GPS成为主导

随着电力北斗应用的不断拓展，以及北斗系统的不断成熟稳定，电力行业在导航定位、授时和短报文通信中大量使用北斗芯片、模块和终端设备等，且通过北斗系统将电力时间系统溯源到国家标准时间。同时，电力行业作为国计民生的命脉之一，其安全性和稳定性是重中之重，定位、授时等关系电力系统可靠运行的技术必须自主可控。因此，在电力系统实现北斗全面取代GPS，形成以北斗为主，其他GNSS系统为辅的应用态势，是大势所趋。

2. 电力北斗应用将进一步拓展并向规模化发展

从目前电力行业应用北斗的情况来自看，北斗在电力行业的应用已经在广度方面取得了显著的成绩，进入到发、输、变、配、用的各领域环节，并且在不断有序增强。但是，北斗系统作为一个赋能系统，其在电力行业的应用空间还很大，还有许多应用场景待挖掘。电力北斗应用不应仅仅停留在提供高精度定位、授时和短报文通信服务，还有这些服务带来的数据的应用，以及如何在应用中更高效地发挥北斗系统的这些功能，这些都值得深入探索和研究。因此，电力北斗应用面的拓展和应用层次的深化是未来电力北斗应用发展趋势之一。同时，随着北斗三号系统全球组网成功和服务的开通，未来导航定位、授时、短报文将通信在电力行业具有更广阔的应用空间，伴随着电力北斗应用的拓展和深化，共同促进电力北斗应用向规模化发展。

3. 电力北斗建设管理运营将向专业化和服务标准化方向发展

电力属于强监管、高安全的重要基础行业，因此，北斗在电力行业应用具有建设高要求、管理高标准、运营高安全的特点。通过资源整合和秩序建立，持续完善电力北斗价值链，强化电力北斗生产运行全流程，实现电力北斗建设的常态化管理、专业化运营。同时，由于电力北斗服务当前已初具规模，需要将服务流程及提供的服务标准化，才能够更好地提升服务质量，规范服务标准，增强电力北斗服务核心竞争力。而且，电力北斗服务标准化是规模化应用推广的必经之路，通过改进过程和服务的适用性，减少和消除技术壁垒，实现有机技术合作，促进电力北斗服务水平不断提高，不断发展。

4. 电力北斗应用将强调安全性和可靠性

电力是关系国家经济建设和民生安全的重要领域。在电力行业推广应用北斗不仅是国家战略的需要，而且也是保障国家电力运行安全的需要。但随着电力北斗应用的深入，对应用的安全性和可靠性提出了更高的要求，要针对电力北斗抗干扰防欺骗、天地互备的电力可靠授时、无公网和复杂地形地貌区域北斗高精度导航定位、电力北斗监测设备低功耗可靠运行等应用难题开展研究，并很好地解决这些难题，也是应用的痛点问题，以确保电力北斗应用的高安全性和高可靠性。

5. 电力北斗应用将成为电力数字化转型发展的重要基础支撑

电力行业具有天然的时空属性，且正在进行数字化转型发展，北斗系统提供的精准的时空信息，将成为电力系统数字化发展的基础和底座。电力北斗应用将按照数字化转型发展"三融三化"的要求，一是融入电网业务，二是融入生产一线，三是融入产业生态，并推动和实现架构中台化、数据价值化、业务智能化；同时，围绕能源电力数字化、运营服务数字化、能源数字产业化三条主线开展工作，构建起以北斗为主体的电力新时空服务体系，为电力系统人、机、料、法、环五方面提供全面支撑。

6. 电力北斗将与其他技术进一步融合应用

电力北斗应用已发展到一定阶段，不能仅依靠北斗提供高精度定位、授时和短报文通信能力。在向应用的深度发展时，需要与其他技术融合，包括人工智能、大数据、物联网、空天遥感、地理信息、5G通信、卫星通信等，在电力应用领域形成"＋北斗"的良好发展态势。特别是构建完备可靠的电力新时空服务体系，需要在导航定位和授时方面多手段（包括惯性导航、视觉导航、长波授时、光纤授时等），多方式融合应用。同时，需要"3S＋C"融合，即GNSS、RS、GIS融合，以及与5G通信、物联网通信、卫星通信的融合，结合电力广域大范围应用特点，实现卫星"通导遥"一体化应用。

6.3.2 发展建议

根据上述对电力北斗创新应用发展趋势的分析，本书提出了以下六方面的发展建议：

1. 加快电力行业北斗全替代GPS的步伐

电力行业是国家重要的能源支柱行业。随着大国博弈和竞争的加剧，要尽快在电力行业全面推行并实现我国自主的北斗系统替代GPS，尽快摆脱历史形成的依赖GPS的局面，以免在极端时期受制于人。同时,强调以北斗系统为主,兼容其他 GNSS 的应用。

2. 加强电力北斗顶层设计并深入挖掘电力北斗应用场景

经过十多年的电力北斗应用,已覆盖电力发、输、变、配、用全环节领域,但应用的深度还不够,广度也需要进一步拓展,同时也需要加强顶层设计。因此,要着力开展电力北斗顶层设计工作,指导电力北斗相关建设、管理、运营和应用工作,加强各环节关联性,相互影响相互促进,引领电力行业北斗技术往高安全和高质量方向发展。并且,要结合北斗系统的特点,不断深入挖掘电力应用场景,以数字化转型发展为契机,以时空信息服务为抓手,拓展北斗在电力行业的应用领域,特别是在工程规划设计阶段的创新应用,结合工程项目规划设计的应用需求,探索研究基于北斗技术的融合创新解决方案,研发新型北斗智能终端和产品,大力提升规划设计全流程数字化生产水平。在电力工程建设及电力生产安全监测中,探索研究基于北斗技术的融合创新解决方案,研发融合北斗的新型智能安全监测终端并推广应用,提高安全监测的时效性、可靠性与准确性。在国际业务方面的应用,让北斗更好地服务于海外电力工程建设,助力我国电力特高压等技术走向海外更广阔的应用天地。

3. 建立健全电力北斗基础设施的共建共享共用机制

电力行业对高精度导航定位应用需求不断增长,为此国家电网、南方电网以及其他电力企业,根据应用需要建设了电力北斗地基增强基准站网,同时国家电网还在建设时频服务网,这些都是电力北斗应用的重要基础设施。为避免重复建设、浪费资源,需要建立健全北斗基础设施共建共享共用机制,盘活基础设施,实现社会效益最大化,构建北斗卫星导航产业电力行业应用新格局,为能源行业乃至大众应用提供重要保障。

4. 加强电力北斗安全性和可靠性研究与实践

北斗系统利用中高轨道卫星发播导航信号,达到地面的信号强度较低,易受到恶意或复杂电磁环境的干扰。同时,随着北斗广泛应用于电力系统,也成为敌对分子破坏和攻击的对象,因此要积极开展电力北斗抗干扰防欺骗等安全防护技术研究,并尽快将成果推广应用,以提高电力北斗应用的安全性和可靠性。通过开展电力北斗无公网和特殊环境区域的连续高精度定位授时等技术研究,采用多手段冗余互备的定位授时解决方案等,进一步提高电力北斗应用的可靠性。

5. 加强基于北斗的时空智能技术研究

广泛部署在智能电网的各类传感器、能量管理系统、设备管理系统、WAMS、调度自动化系统以及其他各类信息平台(包括电网 GIS),积累了海量多源异构的电力大数据,这些大数据均关联了统一的时空信息,属于典型的时空大数据。挖掘数据的时间、空间、对象之间的复杂动态关联关系,需要开展基于电力北斗时空信息的大数据分析,研发基于电力北斗时空信息大数据的时空智能模型、算法的应用产品,以及智能服务等技术与产品,并研究一种全新的电网时空大数据应用模式。

6. 加强北斗与其他技术融合应用

目前北斗系统在电力中的应用还处于提供单一的位置、时间、短报文通信服务,为满足未来智能电网对时空信息的需求,还需与大数据、云计算、物联网、移动互联网、人工智能等新兴技术充分融合,才能更好地应用"电力+北斗"的模式。

在与物联网和移动互联网的融合应用中,移动互联网的飞速发展和移动智能终端的普及,使得对位置信息的需求量呈上升趋势,北斗完全能够满足移动互联网技术对定位导航功能的需求。二者之间互为促进和发展,北斗为移动互联网提供定位服务,而北斗的定位导航功能又延伸了移动互联网的应用范围,实现位置网和物联网的融合。

在与人工智能的融合应用中,从人工智能的角度看,时空信息支持的平台中隐含了大量内在的关联性,通过大数据应用把时空信息与海量采集信息进行关联,也为人工智能的发展和应用提供了丰富的素材。

北斗的应用,一方面离不开云计算、物联网的支撑;另一方面也为大数据、移动互联网、人工智能提供了新的数据源和提升的基础。同时,以上各类应用相互之间也提供了更丰富的应用场景,各类技术相互支撑,发挥着融合增强的效应,共同支撑未来智能电网的建设。

附录1 主要缩略词

AAI	Airports Authority of India，印度机场管理局
ADAS	Advanced Driver Assistance System，先进的辅助驾驶系统
A-GNSS	Assisted Global Navigation Satellite System，网络增强全球卫星导航系统
BDCS	BeiDou Coordinate System，北斗坐标系
BDS	BeiDou Navigation Satellite System，北斗卫星导航系统
CDMA	Code Division Multiple Access，码分多址
CGCS2000	China Geodetic Coordinate System 2000，2000中国大地坐标系
CORS	Continuous Operation Reference Station，连续运行参考站
COSPAS-SARSAT	全球卫星搜救系统
DFMC	Dual Frequency Multiple Constellations，双频多星座
DHS	Department of Homeland Security，美国国土安全部
DMT	Discrete Multi-Tone，离散多音频
ECEF	Earth-Centered Earth-Fixed，地心地固坐标系
EOC	Early Operational Capability，早期操作能力
FDMA	Frequency Division Multiple Access，频分多址
FEC	Forward Error Code，前向纠错码
FOC	Full Operational Capability，完全操作能力
FTU	Feeder Terminal Unit，馈线终端装置
GAGAN	GPS Aided Geo-Augmented Navigation，印度GPS辅助型近地轨道增强系统
GBAS	Ground-Based Augmentation System，地基增强系统
GCC	Galileo Control Center，Galileo控制中心
GEO	Geostationary Orbit，地球静止轨道

GIVE	Grid Ionospheric Vertical Error，格网电离层垂直误差
GIVEI	Grid Ionospheric Vertical Error Index，格网电离层垂直误差索引
GLONASS	GLObal NAvigation Satellite System，俄罗斯全球卫星导航系统
GNSS	Global Navigation Satellite System，全球卫星导航系统
GPS	Global Positioning System，全球定位系统
GSMC	Global Short Message Communication，全球短报文通信
GSS	Galileo Sensor Station，Galileo 传感器站
HEO	Highly Elliptical Orbit，高椭圆轨道
HPLC	High-speed Power Line Carrier，宽带高速电力线载波
ICAO	International Civil Aviation Organization，国际民用航空组织
IERS	International Earth Rotation and Reference Systems Service，国际地球自转参考系服务
IGP	Ionospheric Grid Point，格网点
IGSO	Inclined Geo-Synchronous Orbit，倾斜地球同步轨道
IRCDR	IRNSS CDMA Ranging Stations，印度区域卫星导航系统码分多址测距站
IRDCN	IRNSS Data Communication Network，印度区域卫星导航系统数据通信网
IRIMS	IRNSS Range & Integrity Monitoring Stations，印度区域卫星导航系统测量与完好性监测站
IRNSS	Indian Regional Navigation Satellite System，印度区域卫星导航系统
IRNWT	IRNSS Network Timing，印度区域卫星导航系统时间中心
INC	IRNSS Navigation Center，印度区域卫星导航系统导航中心
ISRO	India Space Research Organization，印度空间研究组织
ITRF	International Terrestrial Reference Frame，国际地球参考框架
LoRa	Long-Range Radio，远距离无线电
LPWAN	Low Power Wide Area Network，低功率广域网络

LRS	Laser Ranging Station，激光测距站
MEO	Medium Earth Orbit，中圆地球轨道
NTRIP	Networked Transport of RTCM via Internet Protocol，互联网RTCM网络传输协议
NTSC	National Time Service Center，中国科学院国家授时中心
OFDM	Orthogonal Frequency Division Multiplexing，正交频分复用
PLC	Power Line Carrier，电力线载波
PMU	Phasor Measurement Unit，相量测量装置
PNT	Positioning Navigation Timing，定位、导航与授时
PPK	Post Processed Kinematic，动态后处理
PPP	Precise Point Positioning，精密单点定位
PPS	Pulse Per Second，秒脉冲
QZSS	Quasi-Zenith Satellite System，日本准天顶卫星导航系统
RNSS	Radio Navigation Satellite Service，无线电导航卫星业务
RS	Restricted Service，限制服务
RSMC	Regional Short Message Communication，区域短报文通信
RTCM	Radio Technical Commission for Maritime Services，国际海运事业无线电技术委员会
RTK	Real-Time Kinematic，实时动态差分定位技术
SA	Select Availability，选择可用性
SAR	Search and Rescue，搜索与救援
SBAS	Satellite-Based Augmentation System，星基增强系统
SCC	Satellite Control Center，卫星控制中心
SCES	IRNSS Satellite Control Earth Stations，卫星控制地球站
SF	Single Frequency，单频
SIS	Signal in Space，空间信号
SISA	Signal in Space Accuracy，空间信号精度
SOSR	Sum of Squared Residuals，残差平方和

SPRAC	Satellite Positioning Research and Application Center，卫星定位研究和应用中心
SPS	Standard Positioning Service，标准定位服务
ToD	Time of Day，日期时间
UAV	Unmanned Aerial Vehicle，无人飞行载体
UDRE	User Differential Range Error，用户差分距离误差
UDREI	User Differential Range Error Index，用户差分距离误差索引
URA	User Ranging Accuracy，用户测距精度
URE	User Ranging Error，用户测距误差
UTC	Coordinated Universal Time，协调世界时
VRS	Virtual Reference Station，虚拟参考站技术
WAAS	Wide Area Augmentation System，广域增强系统
WAMS	Wide Area Measurement System，广域测量系统

附录2 电力北斗关键应用技术典型企业名录

序号	企业名称	主营电力北斗产品或应用	企业所在地
1	上海海积信息科技股份有限公司	北斗形变监测一体机、北斗形变监测&北三短报文一体机、北斗形变监测多天线一体机（一机四天线）、北斗手持高精度&短报文终端、北斗高精度&短报文人员盒子、短报文数传终端、短报文指挥型用户机等	上海市
2	北京风桥科技有限公司	聚焦电网和风电等新能源的北斗杆塔融合终端、北斗导线融合终端、北斗风电融合终端等高空基础设施安全监测的高精度一体机终端	北京市
3	北京一祺航科技有限公司	电网北斗车载终端、北斗在途监控系统、电力塔杆倾斜监测、电力电网巡检机器人、边缘物联系统、北斗短报文终端、智能配网传输监控系统	北京市
4	广州海格星航信息科技有限公司	海格星航依托母集团海格通信在北斗"芯片、模块、无线、终端、系统、运营"的全产业链布局，为电力行业提供100%国产化设计的北斗三号系统多模多频抗干扰组件，以及引领北斗三号短报文规模化应用的"北斗三号系统数传定位终端"。以行业领先的北三芯片为支撑，提供与电力行业深度耦合的综合解决方案，着力推进"北斗+5G"技术融合	广东省广州市
5	广州南方测绘科技股份有限公司	电力北斗地基增强系统、高精度GNSS接收机、电力杆塔变电站地灾监测产品、三维激光测量系统、带电作业智能检修管控系统、电力基建现场智慧工地、无人机自主巡检系统、人员安全管理系统，电力数据处理应用等	广东省广州市
6	广州中海达卫星导航技术股份有限公司	以卫星导航技术为核心，融合声呐、光电、激光雷达、UWB超宽带、惯导等多种技术，已形成"海陆空天、室内外"全方位的精准定位布局	广东省广州市
7	广州中科云图智能科技有限公司	致力于地理空间智能产品研发并提供低空无人机遥感网运营服务及行业解决方案。为电力行业打造智能、高效、全场景的电力无人机遥感网，在北斗地基增强系统加持下，实现无人机厘米级高精度定位定向，有效避免强电磁干扰，从而实现输变配一体化、组网协同化、信息共享化、管理精细化巡检	广东省广州市
8	贵州沣炫天地科技有限公司	专注于电力业务，基于北斗三号系统技术和产品，面向电网公司、发电企业，电力设计院等用户，提供北斗应用软硬件产品、场景调研及应用架构、项目和政策咨询，以及技术整体解决方案服务	贵州省贵阳市
9	国网思极位置服务有限公司	基于北斗系统在基建、运检、营销、调度、后勤等电力业务领域中的应用，形成了系列完备的解决方案，研制了3款核心模组和6大类20余款终端产品。加速构建通导遥、天空地一体化高精度时空服务运营体系	北京市

附录 2 电力北斗关键应用技术典型企业名录

续表

序号	企业名称	主营电力北斗产品或应用	企业所在地
10	国网重庆市电力公司市北供电分公司	基于北斗精准定位的输电线路防外破预警系统	重庆市
11	杭州十域科技有限公司	融合北斗和多源室内定位，结合 GIS 地图，串联时空数据分析，再汇聚至数字孪生平台，最终实现平行仿真，有效应用于终端管控、安全监going、应急调度、智能巡检等场景，广泛适用于基建、应急、调度、营销等领域	浙江省杭州市
12	千寻位置网络有限公司	基于北斗卫星系统（兼容 GPS、GLONASS、Galileo）基础定位数据，利用遍布全球的 3700 个地基增强站、自主研发的定位算法及大规模互联网服务平台，为用户提供厘米级定位、毫米级感知、纳秒级授时的时空智能服务。通过互联网技术进行大数据运算，为全球用户提供精准定位及延展服务	上海市、北京市、浙江省
13	上海华测导航技术股份有限公司	专注于高精度导航定位技术的研发、制造和产业化推广。持续打造高精度定位芯片技术平台和全球星地一体增强网络服务平台，技术应用方向包括导航定位授时、测绘与地理信息、封闭和半封闭场景的无人驾驶	上海市
14	上海司南卫星导航技术股份有限公司	北斗 GNSS 高精度 RTK 接收机、形变安全监测终端（地灾、滑坡、沉降等）、车辆监控终端、人员定位终端、基准站终端、高精度定位定向板卡/模块、无人机（测图/三维建模）等，及配套软件和整体应用方案	上海市
15	上海翊邀信息技术有限公司	国网北斗终端，穿戴式高精度定位终端，1.8G 专网北斗定位终端	上海市
16	深圳市飞思通信技术有限公司	相控阵宽带卫星通信技术、天通系列产品及 5G 毫米波	广东省深圳市
17	石家庄市经纬度科技有限公司	覆冰监测系统北斗通信终端、配网自动化 FTU 北斗通信模块、北斗通导一体电力应急抢修分布式终端、山区小水电坝体及边坡高精度形变监测设备、山区输电线路巡检员便携式定位通信终端、北斗指挥机、光缆监测设备	河北省石家庄市
18	四川思极科技有限公司	北斗地质灾害监测、电力铁塔倾斜监测、北斗短报文通信服务、数字孪生信息服务	四川省成都市
19	泰斗微电子科技有限公司	整合卫星导航领域研究、开发、生产及市场等多方面优势和产学研资源，在 BDS、GPS 和 GLONNAS 等 GNSS 卫星导航信号处理技术，以及基带芯片的设计、产品应用等领域内开展了全方位的研发及产业化工作，产品广泛应用于交通运输、消费电子、新一代通信、智能电网、物联网/车联网、测量测绘、公用设施管理和基于位置服务等诸多领域	广东省广州市、北京市、四川省成都市
20	无锡广盈集团有限公司	智能型携带式高精度北斗定位短路接地线，高精度北斗车载智能融合终端，电力北斗无人机性能检测系统，电力场景下北斗综合应用解决方案等	江苏省无锡市
21	武汉大学卫星导航定位技术研究中心	北斗高精度定位授时算法研发，终端研发；电力精准服务网基准站网技术设计与服务；NRTK/PPP-RTK 定位云端算法研发与软件平台研制；多源融合导航定位算法和终端研发	湖北省武汉市

续表

序号	企业名称	主营电力北斗产品或应用	企业所在地
22	西安车咖物联网信息技术有限公司	电网北斗车载监控终端，塔杆位移、沉降、舞动北斗监测终端，大型物资运输过程北斗监测终端，移动电源车北斗物联网采集终端，北斗无人机巡检	陕西省西安市
23	浙江赛思电子科技有限公司	高精度北斗同步时钟、北斗共视接收机、电力时间同步装置、时空安全隔离装置、综合时钟测试仪、时钟同步网管系统、电力时频同步组网解决方案、时频基准系统、电力1588组网解决方案等	浙江省嘉兴市
24	中船集团青岛杰瑞自动化有限公司	组合导航产品、高精度授时产品、室内外无缝定位产品等应用电力领域的线路巡检、安全管控、科学管理与调度等方向	山东省青岛市

参 考 文 献

[1] 中国卫星导航系统管理办公室. 北斗卫星导航系统发展报告（4.0版）[R]. 北京，2019.
[2] 中国卫星导航系统管理办公室. 北斗卫星导航系统应用服务体系（1.0版）[R]. 北京，2019.
[3] 中国卫星导航系统管理办公室. 北斗卫星导航系统公开服务性能规范（3.0版）[R]. 北京，2021.
[4] 中国卫星导航系统管理办公室. 北斗卫星导航系统空间信号接口控制文件公开服务信号（2.1版）[R]. 北京，2016.
[5] 中国卫星导航系统管理办公室. 北斗卫星导航系统空间信号接口控制文件公开服务信号B3I（1.0版）[R]. 北京，2018.
[6] 中国卫星导航系统管理办公室. 北斗卫星导航系统空间信号接口控制文件国际搜救服务（1.0版）[R]. 北京，2020.
[7] 中国卫星导航定位协会. 2022中国卫星导航与位置服务产业发展白皮书[R]. 北京，2022.
[8] 国务院新闻办公室. 北斗三号系统基本系统建成及提供全球服务情况发布会[E13/OL]. [2018-12-27]. http：//www.beidou.gov.cn/zt/xwfbh/bdshjbxtjc/gdxw4/201812/t20181227_16860.html.
[9] 北斗网. 北斗卫星导航系统建设与发展[R/OL] [2020-11-24]. http：//www.beidou.gov.cn/zt/dhnh/dishierjie/nhdt12/202109/t20210901_23213.html.
[10] 中国卫星导航系统管理办公室. 北斗卫星导航系统在非十大应用场景[R]. 北京，2021.
[11] 中华人民共和国国民经济和社会发展第十四个五年规划和2035年远景目标纲要[EB/OL]. http：//www.gov.cn/xinwen/2021-03/13/content_5592681.htm.
[12] 欧洲GNSS管理局（GSA）. GNSS市场报告（2019）[R]. 2019.10.
[13] 中国卫星导航定位协会. 2022中国卫星导航与位置服务产业发展白皮书[R]. 2022.5.
[14] 中国电力科学研究院有限公司. 电力北斗标准体系白皮书[R]. 2020.4.23.
[15] 唐卫明. 大范围长距离GNSS网络RTK技术研究及软件实现[D]. 武汉：武汉大学，2006.
[16] 中国卫星导航系统管理办公室. 北斗卫星导航系统空间信号接口控制文件 精密单点定位服务信号PPP-B2b（1.0版）[R]. 北京，2020.
[17] 中国卫星导航系统管理办公室. 北斗卫星导航系统空间信号接口控制文件 星基增强服务信号BDSBAS-B1C（1.0版）[R]. 北京，2020.7.
[18] 段翔兮，冯世林，李小鹏，等. 基于卫星共视技术的泛在电力物联网时间同步网[J]. 四川电力技术，2019，5：1-4.
[19] 张道农，于跃海，等. 电力系统时间同步技术[M]. 北京：中国电力出版社，2017：29-30.
[20] 陈向东，郑瑞锋，陈洪卿，等. 北斗授时终端及其检测技术[M]. 北京：电子工业出版社，2016.
[21] Department of Homeland Security. National Risk Estimate：Risks to Untied States Critical Infrastructure from Global Positioning System Disruptions [C/OL]. briefed by Brandon Wales, Director, DHS Homeland Infrastructure Threat & Risk Analysis Center, at November 9, 2011, PNT Excom Advisory board. http：//www.gps.gov.
[22] DANIEL P. SHEPARD, TODD E. Humphreys and Aaron A. Fansler. Evaluation of the Vulnerability of Phasor Measurement Units to GPS Spoofing Attacks [C]. Preprint of the Sixth Annual IFIP WG 11.10 International Conference on Critical Infrastructure Protection Washington, DC, March

19-21，2012.
[23] Todd E. Humphreys，Jahshan A. Bhatti，Brent M. Ledvina. The GPS Assimilator：a Method for Upgrading Existing GPS User Equipment to Improve Accuracy，Robustness，and Resistance to Spoofing [C]. Preprint of the 2010 ION GNSS Conference Portland，OR，September 21-24，2010.
[24] John Dragseth. Critical Infrastructure Vulnerabilities to GPS Disruptions [C]. Communications Sector Coordinating Council（CSCC），October，2014.
[25] Dee Ann Divis. Redacted DHS Report Details Privacy Jammer Risks [EB/OL]. http//www.insidegnss.com.
[26] 刘波，徐荣，赵陆文，等. 卫星授时能抗欺骗吗[J]. 电气自动化 & 仪器仪表，2018，1：144-146.
[27] 邢亚，滕玲，方帅，等. 电力行业北斗系统应用标准体系建设研究[C]. 第十三届中国卫星导航年会论文集—S10 政策法规、标准化及知识产权. 2022：31-35. DOI：10.26914/c.cnkihy.2022.000890.

寄　　语

"中国的北斗、世界的北斗、一流的北斗",已然是世界一流的全球卫星导航系统,因此成为全球卫星导航系统国际委员会公布的全球四大卫星导航系统供应商之一,是当代中国递给世界的一张耀眼"国家名片"。

北斗,全球定位精度优于10m、测速精度优于0.2m/s、授时精度优于20ns以及独特的短报文通信,这些高精度的技术指标和高效率的技术功能,笃定北斗成为经济社会发展的时空基石。

北斗,电力应用大有所为。

电力设施的形变监测、输电线路的舞动检测、高压走廊的覆冰预警、密集通道的灾害预警,以及多元发电系统并网保障的时间统一,高安全性用电全域安全的时频调谐等,北斗高精度时空基准及短报文功能必然能为其提供增值服务。尤其复杂地理环境,北斗更能为电力系统发、输、变、配、用等提效增益。

《电力北斗创新应用发展报告》,以"北斗＋"为支撑,以产业化为主线,以标准化为龙头,以解难题为抓手,以创新性为目标,比较全面地介绍了电力北斗现状及发展。其中,面向应用场景的解决方案对口、具体、落地。期待《电力北斗创新应用发展报告》对北斗产业化、规模化应用赋能助力!